北京市属市管高等学校人才强教深化计划
（2010-创新团队）资助项目

青少年健身路径锻炼指导手册

主编　李相如

人民体育出版社

图书在版编目(CIP)数据

青少年健身路径锻炼指导手册 / 李相如著. –北京：人民体育出版社，2013
ISBN 978-7-5009-4342-6

Ⅰ.①青… Ⅱ.①李… Ⅲ.①青少年–体育锻炼–手册
Ⅳ.①G806-62

中国版本图书馆 CIP 数据核字(2012)第 194456 号

*

人民体育出版社出版发行
三河兴达印务有限公司印刷
新 华 书 店 经 销

*

880×1230 32 开本 6 印张 151 千字
2013 年 5 月第 1 版 2013 年 5 月第 1 次印刷
印数：1—3,000 册

*

ISBN 978-7-5009-4342-6
定价：15.00 元

社址：北京市东城区体育馆路 8 号（天坛公园东门）
电话：67151482（发行部） 邮编：100061
传真：67151483 邮购：67118491
网址：www.sportspublish.com
（购买本社图书，如遇有缺损页可与发行部联系）

编写组

主　编　李相如

副主编　杨树东　刘沛

参　编　张世平　刘倩　王璐　王成　吴逸豪

前 言

青少年是国家的未来，民族的希望。青少年的健康成长、身心的和谐发展至关重要。没有青少年的健康成长，我们国家民族的竞争力、国家创新能力，高素质的国民、高水平综合国力就很难实现。步入21世纪以来，我国社会政治、经济、文化、科技、教育等领域都发生了翻天覆地的变化。生活在这个时代的青少年也必然受到各种影响，在其成长过程中呈现出明显的时代特征。

总体而言，多数青少年在其成长过程中身心发展还是比较和谐的，但仍有为数不少的青少年因身患疾病而妨碍了身体生长发育，无法充分发挥潜力；还有一部分青少年染上不良行为习惯，如迷恋网络游戏、长时间看电视等，这不仅危害其目前的健康状况，往往还会对其今后的健康产生长期不利影响。网络信息时代，使得越来越多的青少年长时间关注虚拟世界，少有户外活动，缺乏体育锻炼，在很大程度上影响了身体的正常发育，进而影响到正常的学习与生活。总之，健康意识差、缺乏体育锻炼、生活习惯不健康等问题已经成为影响青少年健康的主要问题。青少年健康意识的增强，健身行为的科学化、合理化，健身习惯的养成是解决以上的重要手段。青少年阶段是人生发展的黄金时期，在这一阶段合理地安排适宜的体育活动，能够促进青少年的正常生长发育，增强体质，平衡心理，培养其积极乐观的性格，还可以磨炼意志，提高承受挫折的能力，进而更好地适应快速发展的社会形势和面对未来现实生活的严峻挑战。

《青少年健身路径锻炼指导手册》分为常识篇、身体素质锻炼篇、健康危机干预与促进篇、锻炼效益篇、游戏与竞赛篇五个部分。本手册紧紧围绕青少年健身这一主题，从当前我国青少年体质现状、户外健康器械与常规锻炼方法、身体素质锻炼方法、常见的健康危机与干预方法等几个方面进行了全面的阐述，同时对于青少年从事健身锻炼的效益给予了科学、客观的评价。另外，为了提高青少年健身兴趣，还专门设计了利用健身器械的游戏与竞赛。本手册语言通俗易懂，实用性强，对指导青少年科学健身，合理运动有良好的促进作用，是青少年健身的良师益友，衷心希望它能帮助我们的青少年朋友健康成长。

本书由李相如主编，杨树东、刘沛任副主编，全书由李相如、杨树东统稿完成。

由于成书较为仓促，书中难免会有疏漏之处，还望读者批评指正。

编　者

2012年6月26日

目 录

常识篇

身体素质锻炼篇

健康危机干预与促进篇

锻炼效益篇

游戏与竞赛篇

附　录

常识篇

《中共中央国务院关于加强青少年体育增强青少年体质的意见》指出：增强青少年体质、促进青少年健康成长，是关系国家和民族未来的大事……广大青少年身心健康、体魄强健、意志坚强、充满活力，是一个民族旺盛生命力的体现，是社会文明进步的标志，是国家综合实力的重要方面。

一、我国青少年体质下降状况及其成因、危害与改进举措

（一）我国青少年体质状况

从1985年开始，我国进行了4次青少年体质调查，调查结果不尽如人意。我国学生体质健康状况多年来连续呈下降趋势，青少年学生体质的“硬件”水平即体能素质下降、心肺功能下降、近视率居高不下、肥胖青少年儿童大幅度增加。2004年全国学生体质健康监测的结果仍不乐观，与2002年相比，反映爆发力、力量等素质的体能指标继续呈下降趋势；超重及肥胖检出率继续呈上升趋势；学生视力不良检出率仍然居高不下，大学生的视力不良检出率为80%。

2006年9月，为了更加准确掌握我国青少年体质与健康的真实状况，国家体育总局、教育部等10个部门联合进行了全国第二次国民体质检测。统计结果表明，我国学生超重与肥胖检出率继续增加，大、中、小学学生视力不良率均有所上升，学生各年龄组各项身体素质水平进一步下降。

最新的国民体质调查显示，中国青少年的身高、体重、胸围等形态发育指标持续增长，然而肺活量、速度、力量等体能素质

却持续下滑。学生肥胖率与5年前相比翻了2～3倍，在全国3亿青少年中，肥胖或营养不良的占到15%以上，超过了4500万人，城市男生肥胖和超重占1/4。学生的视力降低率居高不下，相关资料显示，在初中阶段，学生近视率超过50%，高中阶段为76%，而大学阶段则为83%，令人触目惊心。

（二）导致我国青少年体质下降的成因

每个社会都有它的行为思想和观念的体系，而这些行为思想观念又会通过家庭、学校和社会教育，从小就对个体进行熏陶，使得社会成员自觉或不自觉地接受这个社会的行为模式。导致当今青少年体质下降的深层原因，具体有以下几点。

1. 学校体育教学的模式僵化，实施环节相对薄弱

中国体育教学的“达标考核”模式借鉴的是前苏联的“准备劳动与卫国体育制度”，当时中国教育界是为了丰富体育活动而选择了达标这一考核方式。随着社会的进步发展，如今的体育活动变得丰富多彩，学生可以选择的面十分宽广，学校体育教学的达标模式已经满足不了学生们的需要了。有些学校放弃了篮球、体操和武术，专门为了通过达标而设置体育课，这是体育教学中的一个误区，也严重挫伤了孩子们参加体育锻炼的积极性，导致有些孩子喜欢体育但不喜欢体育课。

另外，学校现有的体育场地不足、师资和器械落后以及体育经费不足等问题导致学校体育课不能得到保证或者被其他的课侵占，进而使学生体力活动不足和体育锻炼不够，诸多因素造成“体育锻炼被剥夺”。

2. 应试教育过分注重升学率，导致学生学业负担过重，学习时间过长，缺少体育锻炼时间

青少年学生学习压力大，没有充足的时间参加体育活动，归根结底还是由素质教育与应试教育的矛盾引发而来的。素质教育要求学校将学生培养成德、智、体、美、劳均衡发展的全面型人才，但是从目前的实际情况看，素质教育没有落到实处，形同虚设，无论是学校还是家长，对素质教育的理解都还存在片面性。一些中学为了提升自己的知名度或是影响力，自觉不自觉地将主要精力放在追求升学率上面，无形中给学生带来了巨大的学习压力；而为了孩子的未来，也迫于就业压力，家长别无选择地将孩子往高考升学的独木舟上赶。于是，在中考、高考桥头形成“堵车”的时候，体质已经明显下降的学生们就更无暇顾及体育锻炼了。在学业负担过重和缺少体育锻炼的双重因素作用下，学生体质下降是必然的。

3. 睡眠不足的隐性伤害导致的青少年体质下降

中国青少年研究中心少儿所对10个城市5000多名中小学生进行的最新调查表明：超过1/10的小学生和1/3的中学生正在遭受睡眠不足的隐性伤害。睡眠与青少年健康成长密切相关，睡眠不足将严重影响身体的正常生长发育，引起免疫力和抗病能力下降，造成健康隐患。长期睡眠不足，会导致注意力和记忆力下降，学习效率低下，影响身心及智力发育，发生各种慢性生理疾病。睡眠不足的青少年，易出现情绪低落、压抑、焦虑、急躁、不好动、兴趣不广泛等表现，心理上的反常表现反过来也会影响睡眠，导致入睡困难，形成恶性循环。这是造成中国青少年体质下降的隐性因素。

4. 不良的饮食习惯

当今中国社会，随着改革的不断深入及人民生活水平的不断提高，居民的生活方式尤其膳食结构发生了很大的变化，随之而来的负面效应也日渐突出。越来越多的青少年食品成了许多商家经营的主要项目。种类繁多的食品和五花八门诱人的广告，很大程度上影响和改变着儿童的饮食习惯。节目中插播的高热量零食、甜食广告无形中缩小了青少年选择食品的范围，于是这些垃圾食品便成了孩子喜欢的对象。长期食用某些高热量的油炸食品，会导致青少年肥胖率的增加，并严重影响着青少年的体能素质。膳食结构的不合理很容易使部分人群处于营养过剩或营养不均衡的状态，如果体力活动不足则极易造成体重超重或发育不良，进而影响到运动能力，最后导致体质水平下降。

单就青少年而言，尤其我国大中型城市及东部沿海发达地区，肥胖及“豆芽菜”型青少年明显增多，身体素质发展很不均衡。以上海市疾病预防控制中心对青少年的一项长期追踪研究数据为例，在1990年到2000年这10年中，上海市肥胖学生逐年增多，并有继续增长的趋势。不论是处于生长发育高峰期间的12岁，还是处于生长发育接近尾声的18岁，男女学生均表现有如下特点：下肢爆发力（立定跳远）、肌肉力量（小学男生斜身引体、中学男生的引体向上、中小学女生的仰卧起坐）均呈增长变化趋势；速度素质（50米跑）和身体柔韧性（立位体前屈）基本维持1990年水平；小学生耐力（50米×8往返跑）有所下降，而中学生耐力（男生1000米，女生800米）有所提高。

5. 不良的生活习惯

因为各种原因，青少年尤其是中学生很少能有自己足够的时间。即使在节假日里，也难免会被安排上各种各样的补习。拥有自己的时间一时成了孩子们最渴望的事情。感情的宣泄也只能寄托在虚拟的网络世界，一时沉迷于网络游戏而不能自拔的孩子时常出现。这足以引起全社会的关注，寻求事情发生的根源，进行医治，从根本上解决问题。长时间的紧张，再加之没能很好的放松，这种压力会使孩子情绪焦虑，身体出现亚健康状态，体能素质也随之不断下降。现代社会的经济、政治、文化的变化给人们的生活带来了深刻而又彻底的变革，特别是信息时代的到来，给青少年的生活方式带来了根本性的嬗变。那种学习之余的自由空间与时间已经成为一种理想和奢望，每天生活于各种学习辅导班、电脑、上网、游戏之中。这种生活方式的变化必然导致青少年体质的下降，进而使其负面影响波及到个体健康成长的方方面面。

6. 体育锻炼意识薄弱，缺乏正确的体育运动观

现代青少年体质下降的主要原因是体育锻炼不足。体育锻炼缺乏反映了体育运动观念在我国尚未真正深入人心。例如，上海社科院青少年研究所所长、社会学教授杨雄做的一次上海儿童和法国儿童的比较研究结果显示，法国儿童好动，向往成为棒球运动员、运动健将的比比皆是，而上海儿童更喜欢静，爱好玩电子游戏、看电视、上网。西方人往往认为子女成长首要的身体健康、人格健全，不以考试为中心，倡导愉快教育。从这里就可以看出，我们在健康观念上是明显落后于西方国家的，甚至还落后于同属亚洲的日本。日本现代社会普遍重视精神享受，不再以是否有车有房、好吃好喝作为有品质生活的标准，而在中国今天的发展阶段，现代化需要支付的代价加上中国传统文化的影响，造成中国人的健康运动观念的落后。如果我们进入更高级的现代化阶段，可能人民的观念会发生改变。

中国传统观念中的重智育、轻体育思想在学校表现得更加明显，学生每天1小时的体育活动没有真正充分得到落实，体育课不能开足开满，中小学的体育课经常被调整，而这种“调整”的现象并没有引起学生家长重视，同时有很大一部分孩子也认为，体育课又不是什么很重要的课程，少几次也没什么大不了，要是什么英语、数学、语文课的成绩下来了可不得了。

从根本上来讲，这是一种观念上的偏差。毛泽东同志早在《体育之研究》中就谈到“民族之体质日趋轻细”大声疾呼体育对体质的重要性，并指出“小学之时，宜专注重于身体之发育，而知识之增进，道德之养成次之”，“中学及中学以上，宜三育并重，今人多偏于智”。鉴于此，社会观念的转变是青少年参与体育锻炼，从而增强体质，改善身体活动能力的前提和基础。许多父母把健康寄希望于医疗、保健品，而不注意孩子的健身锻炼。有些家长宁愿给孩子买许多营养品或是药品进行补养，也不愿意让孩子参加体育锻炼。过分的爱使得一些孩子连最基本的生活能力都没有，更别说进行体育锻炼了。

2005年国家教育部、国家体育总局、卫生部等部门对全国10万学生及5000名体育教师的调查表明：57.5%的学生是因为“怕累”24.0%学生是因“怕受伤”而不愿参加体育锻炼。68.9%的体育教师也认为“怕累”是学生不积极参加体育锻炼的原因。河南省教育厅在对2005年全省学生体质健康进行调研的过程中发现，12527份学生问卷中，有55.28%的学生问卷显示的是学生因怕累不愿意参加体育锻炼，有62.92%的学生问卷显示，学生就没有养成体育锻炼的习惯。电视、电脑几乎占据了孩子全部的休闲生活，有些孩子可以几天都憋在家里不出去，因为电脑对他们的诱惑力太大了，他们缺乏体育锻炼的时间和空间；再加上城市交通的拥挤，上学路途变远，也使家长刻意减少孩子走路和外出活动的机会，一些经济条件好的家长，甚至连孩子每天走路上学的运动机会也给取消了，几乎每天车接车送。

7. 家庭与学校的过度保护意识与行为

家庭是社会的细胞，最微小的社会单位。家庭本身就具有社会化的功能，人的社会化的最初阶段是在家庭中进行的，青少年的话语模式，价值观念等受家庭及其成员的影响最大。青少年是生活在家庭和学校这两点上，是以这两点为中心的，在青少年体质下降因素的分析中除了学校，最重要的就是家庭因素了。在我国现阶段，独生子女多的现状进一步使运动偏少的问题日趋严重，“圈养”在家庭和学校屡见不鲜。不少家长怕小孩出现意外就在放假的时候就把小孩关在家里，很少出去运动或者旅游之类的户外运动。有些学校出于安全考虑及对体育安全教育的曲解和异化，不按照教学大纲的要求进行教育，取消了一些自认为有危险性的运动项目，如实际对提高学生的力量、协调性、灵活性等能力和勇敢顽强精神非常有利的像器械体操等项目的教学和练习。大人们对孩子的过度保护发展到这种地步，是青少年体质下降的深层次因素。

立足现代社会靠的是智力，不是体力，但是智力的背后需要体质的支撑。我们认为头脑和身体是一个统一的整体，是无法分开的，从家庭与学校投入的比重来看，重视智力是符合中国人民的传统，是具有普遍意义的，但是却忽视了学生健康的投资，或更准确地说是弱化了，或是无意识弱化了健康投资，所以为了个体的持续发展，我们不能忽视了青少年的体质，特别是家庭与学校。对下一代的培养是双向的，智力和体力要协同发展。

（三）青少年体质下降的危害

青少年体质的下降对其自身成长产生不利的影响：身体素质

不高，抵抗力低下以及社会适应能力差。近年来，随着青少年体质的下降尤其是随着青少年超重、肥胖人数的增加，原本在中老年身上才出现的，如高血压、高血脂、冠心病、糖尿病等与肥胖相关的“现代文明病”，在青少年中发病率也明显上升，其患病年龄提前了10～20年。北京大学儿童青少年卫生研究所所长季成叶教授指出，70%的肥胖儿童到成年后体重依然超标，肥胖极易导致成年疾病的发病时间提前，不少青少年已经出现Ⅰ型糖尿病、高血脂症、高血压等成年疾病。肥胖还会诱发体内激素分泌异常，导致生理期提前。研究结果显示，女性月经期均提前3个月，成年后患乳腺癌的几率则上升1%。除此之外，体质的下降还会阻碍青少年心理的健康发展，具体表现在心理素质差、缺乏毅力、缺少顽强拼搏和吃苦耐劳的精神、敏感、内向甚至自闭。由于一些青少年心理承受能力差而走极端的例子并不在少数。在这样的身心状态下，学生无法全身心地投入到学习和学校生活中去，学习效率低下，缺少意气风发和阳光般的气质。

（四）增强学生体质健康的举措

学生体质健康主要指标持续下降的态势引起了国家高层领导的高度重视，先后召开了一系列会议研究对策，号召落实。2006年12月，在北京召开了新中国成立以来首次学校体育工作会议。“促进广大青少年全面健康成长”是会议的主题。会上国家教育部、国家体育总局联合发布了《关于进一步加强学校体育工作，切实提高学生健康素质的意见》。国家教育部、国家体育总局和共青团中央联合启动了“全国亿万学生阳光体育运动”。2007年5月7日，中共中央国务院就青少年体育和青少年体质健康问题专门发布了《中共中央国务院关于加强青少年体育增强青少年体质的意见》，向全社会发出了全面加强学校体育，增进青少年体质健康的动员令，提出要把学校体育作为全面推进素质教育的突破口和主要工作方面。可以说，青少年体质健康有了一个良好的发展平台。2008年8月20日，教育部关于印发《中小学体育工作督导评估指标体系（试行）》，整个督导评估指标体系的核心是确保学生每天锻炼一小时，让孩子拥有良好体质，健康成长。2008年9月28日，《教育部、国家体育总局、共青团中央关于开展第二届全国亿万学生阳光体育冬季长跑活动的通知》要求，在这次活动中小学生要累计完成120公里，初中生180公里，高中生、高校学生240公里的冬季长跑。

二、户外健身器械与常规锻炼方法

1. 椭圆机训练器

锻炼目的：发展上下肢力量和动作的协调性，较长时间的锻炼还可以达到发展有氧能力的效果。

锻炼方法：双手握住把手，两脚分别踩在左右两个踏板上，人体保持自然站立姿势，右腿膝关节保持伸直，以髋关节为轴心向前迈步，同时握住把手的左手顺势向后拉动；左腿也尽量保持伸直向后蹬，左手则向前推动把手。

锻炼次数：持续练习3～4分钟为1组，锻炼2～3组。

2. 云手转轮

锻炼目的：舒展和拉伸肩部的肌肉、韧带，增强肩、肘、腕关节的活动幅度，还可提高运动的协调性，形成小脑的养护。

锻炼方法：面向器械，双手分别抓住两个转轮的手柄，双脚左右开立与肩同宽，双手通过转动手柄使转轮转动。转轮的转动方向可由锻炼者自己掌握，可双手同时向右转，也可向左或相向转动转轮。

锻炼次数：每组锻炼20～30次，练习2～3组。

3. 腰背按摩器

锻炼目的：按摩腰背部穴位和毛细血管，缓解背部、腰部的疲劳，防止青少年驼背。

锻炼方法：腰部紧贴按摩柱，双手握扶手，身体上下或左右（根据器械结构）移动带动按摩柱按摩腰部。

锻炼次数：每组锻炼20～30次，做2～3组。

4. 上肢牵引器

锻炼目的：锻炼手腕、手臂部肌肉，促进上肢灵活性。

锻炼方法：双手握住手柄，左右手交替牵拉绳索，通过手臂的上下交叉运动，使肩关节及相关部位的肌肉得到锻炼。

锻炼次数：每组锻炼2～3分钟，做2～3组。

【小贴士】 做好运动前的准备工作

第一，要准备好适用于相应项目的鞋、服装，注意所穿运动鞋的鞋底不能是光滑的，也不能穿皮鞋来参加运动，否则容易产生打滑现象，造成受伤。

第二，运动前一定要做好充分的准备活动，切忌不做准备活动就进入剧烈运动中，否则容易使身体产生缺氧，从而出现晕厥、运动性腹痛、肌肉抽筋等现象。参加运动前不能吃得过饱或者喝水过多。

5. 太空漫步机

锻炼目的：提高下肢协调能力和柔韧性，锻炼腿部肌肉力量，增进心肺功能，促进呼吸系统的健康；既锻炼身体又愉悦心智。

锻炼方法：双手握住横杠，两脚分别踩在左右两个踏板上，人体保持自然站立姿势。左腿膝关节保持伸直，以髋关节为轴心向前迈步，同时右腿也尽量保持伸直，向后抬起，两腿迈开至一定角度（约60度）时，顺重力作用自然下行，至垂直线时转为右腿前迈，左腿后抬，如此周而复始，使两腿以自然协调的姿势交叉迈步。

锻炼次数：每组锻炼2～3分钟，做2～3组。

6. 压腿训练器

锻炼目的：增强腰腿部和肩部的耐力和柔韧性，增加关节灵活性。

锻炼方法：身体正对或侧对器械站立，单腿支撑伸直脚尖向前或向侧，另一条腿放在杠上，脚尖勾起或绷直，膝关节伸直，上体用力前振或侧振，做正压腿或侧压腿的练习。

锻炼次数：每组锻炼2～3分钟，做2～3组。

7. 双人下肢对抗器

锻炼目的：锻炼大腿肌肉和爆发力，增强腰部肌肉力量。

锻炼方法：两人面对面坐，双手握住扶手，双脚踩在踏板上用力做对抗运动。

锻炼次数：每组锻炼2～3分钟，做2～3组。

8. 腹肌架

锻炼目的：增强腰腹肌力量和下肢的柔韧性。

锻炼方法：躺在腹肌架上，双脚勾牢横杠，两手轻扶头后且手指不交叉或置于胸前或两臂前伸，利用腹直肌、腹内外斜肌的作用抬起上体进行仰卧起坐练习。

锻炼次数：每组锻炼15～20次，做2～3组。

【小贴士】 运动损伤的处理——擦伤，扭伤、拉伤

擦伤：用生理盐水清洗创伤面，再涂红药水，以免发生感染，大面积的擦伤要用消毒纱布覆盖或包扎。

扭伤、拉伤：轻度的受伤应立即冷敷和加压包扎，24小时后才可进行热敷或按摩治疗，注意在刚受伤时切勿进行按摩和搓揉，以免造成受伤部位充血肿涨，形成瘀血，从而加重伤情。严重的受伤（如韧带或肌肉断裂）包扎后应立即送往医院治疗。

9. 伸腰训练器

锻炼目的：舒展腰背部肌肉，器械上的突起部分对穴位有按摩作用，可缓解腰部和背部疲劳。

锻炼方法：锻炼者背对器械站立，手抓住两侧的扶手，然后身体慢慢向后仰，使腰部靠在伸腰训练器的圆柱形曲面上，充分伸展成桥形，保持5～10秒钟，然后回复起始状态。

锻炼次数：每组锻炼8～10次，做2～3组。

10. 健骑机

锻炼目的：发展腿部内侧肌肉群力量，活动全身关节与肌肉，增强心肺功能，愉悦心情。

锻炼方法：锻炼者以自然姿势坐在坐凳上，双脚踏住脚蹬，双手正握把手，与肩同宽，保持挺胸。运动时双腿用力向下蹬脚蹬，同时双臂用力将把手拉向自己的身体，直至双腿蹬直，并使身体尽可能伸展。然后腿、臂放松，在自重作用下，使健骑机回到初始位置。多次重复这一动作。

锻炼次数：每组锻炼2～3分钟，做2～3组。

11. 双人大转轮

锻炼目的：提高肩、肘、腕等关节的灵活性，促进身体的灵活性和大脑系统、神经反应系统的适应能力。

锻炼方法：两人面对面站立，双手分别握住手柄，双手向相反方向用力，直至两臂交叉为止或至两臂交叉时做手不离把的转体动作。

锻炼次数：每组锻炼2～3分钟，做2～3组。

【小贴士】 运动损伤的处理——脱位、骨折

脱位、骨折：首先要固定受伤部位，避免移动，立即送往医院；若发生休克时，应迅速使伤者复苏，如刺激人中、合谷穴等。

12. 呼啦桥

锻炼目的：平衡运动，锻炼腰腹部肌肉，活动腰、髋、腿部关节，增强平衡能力。

锻炼方法：锻炼者以自然姿势站立于中心桥杆一端，双手扶住左右栏杆。运动时，双手扶住左右扶栏以保持平衡，双脚以较

小的步伐沿着中心桥面向前行走，类似走平衡木。前行时，可以是左右脚交叉向前迈步，或向前挪步，应尽量保持人体正面对着前方。

锻炼次数：每组锻炼5～6趟，做2～3组。

13. 扭腰器（包括立式、坐式）

锻炼目的：锻炼腰、髋部，增强腰部的灵活性和柔韧性。

锻炼方法：两手抓握把手，两脚平衡而自然地站在转盘上，上身保持自然向前姿势，以腰部肌肉用力，使腰部以下产生转动。

锻炼次数：左右转动为1次，每组锻炼15～20次，做2～3组。

14. 平衡木

锻炼目的：提高人的平衡能力和协调性。

锻炼方法：木上行走——站在平衡木上做向前、向侧、向后走，两臂侧举以维持身体平衡。如果走得比较熟练可以增加难度，把走变成提踵行走或小跑。

锻炼次数：每组锻炼5～6趟，做2～3组。

15. 跑跳横梁

锻炼目的： 提高人的平衡能力、跳跃能力以及协调性。

锻炼方法： 跳跃横梁——正对横梁站立，向前跳跃横梁后，转身再跳回来。交叉跑跳——侧向横梁站立，外边腿先跨越横梁，呈“之”形左右交叉向前跑跳行进。一节横梁做3次练习。横梁行走——同走平衡木要领。

锻炼次数： 每组锻炼5～6趟，做2～3组。

16. 吊桩

锻炼目的：提高身体平衡能力和协调能力、增强勇气。

锻炼方法：设八个高低不一的浮动吊桩，手扶两侧环链，脚踏吊桩行走，从一端走向另一端，可往返练习。

锻炼次数：每组锻炼5～6趟，做2～3组。

【小贴士】运动损伤的处理——脑震荡

脑震荡：首先要让伤者安静、平卧，不要随便移动位置，勿摇晃、牵扯，对头部进行冷敷，对昏迷者应进行复苏抢救；伤者清醒后再度昏迷或发生剧烈的头痛、呕吐者，应立即送医院救治。

17. 钟摆器

锻炼目的：对腰肌劳损、下肢关节功能性障碍、肌肉萎缩等有康复作用。

锻炼方法：面对器械站于踏板上，双手抓握扶手，双脚用力向左右蹬伸，随即身体随重心左右做钟摆运动，左右摆动为1次。

锻炼次数：每组锻炼15～20次，做2～3组。

18. 倒立架

锻炼目的：增强腰部力量，按摩腰背部肌肉，消除疲劳，调节神经系统，达到保健、康复的目的。

锻炼方法：身体躺在器械上，双脚卡入脚部横梁中，双手抓握住两侧圆形扶手，根据自身实际掌握速度向前推动扶手，使身体随器械向后转动，直至完全倒立位置，接着双手拉动扶手，将身体拉回原位。

锻炼次数：每组锻炼5～6次，做2～3组。

19. 引体架

锻炼目的：增强上肢、背部、腹部及肩部肌群力量和柔韧性，改善肩、肘、腕、指关节活动能力。

锻炼方法：引体向上——锻炼者双手抓握横向握把，握距略比肩宽，可正握（手心向外），也可以反握（手心向内），身体自然悬垂，若身体较高可屈腿交叠，使身体离地。两臂用力屈肘带动身体上引，引至颈部与横向握把齐平或超过，然后慢慢还原至手臂伸直，重复多次。

锻炼次数：每组锻炼5～8次，做2～3组。

【小贴士】运动损伤的处理——中暑

中暑：中暑是当气温过高时，体温调节发生紊乱，进而导致机体内环境紊乱，从而引发一系列的病理征象（头晕、乏力、胸闷、口渴、大汗、高热甚至昏迷或痉挛）。处理时使患者迅速脱离高温环境，到阴凉处休息，口服十滴水、人丹或涂清凉油，同时补充含盐的清凉饮料；若是重症中暑，在急救的同时尽快送医院救治。预防中暑应避免在高温的时段进行耐力性或剧烈性的户外体育比赛。同时运动时补充低糖含盐的饮料。

20. 坐拉器

锻炼目的： 增强上肢与背部肌肉力量，改善心肺及胸腔功能。

锻炼方法： 锻炼者并腿坐于器械座椅上，双手上举抓握住器械握把，屈臂用力下拉，使身体随器械离地，当身体至最高点时，缓慢伸直手臂使身体降至地面。

锻炼次数： 每组锻炼8～10次，做2～3组。

21. 双人坐蹬训练器（腿部训练器）

锻炼目的：锻炼大腿肌肉和爆发力，增强腰部肌肉力量。

锻炼方法：锻炼者坐在器械座椅上，背部靠实，挺胸抬头，双手抓握器械立柱，脚蹬住踏板，随着腿用力蹬伸身体后移，直至腿蹬直后再缓慢回复到原位。

锻炼次数：每组锻炼15～20次，做2～3组。

22. 双人坐推训练器（坐姿前推训练器）

锻炼目的： 锻炼上肢肌肉、胸大肌、腰背肌和腿部肌肉力量。

锻炼方法： 锻炼者坐在器械坐凳上，背部靠实、挺直，双手握紧把手，用力向前推起后慢慢还原，反复进行。

锻炼次数： 每组锻炼12～15次，做2～3组。

23. 摸高器

锻炼目的： 提高人体弹跳能力，也可做弹跳力检测使用。

锻炼方法： 面对摸高器原地站立，尽力向上举起一手，用手碰触塑料球。原地屈膝用力向上跳起，在跳起时迅速向上伸臂，用指尖触摸上方的塑料球，起跳时应注意正确地运用双手的摆臂动作，以帮助提高成绩。

锻炼次数： 每组锻炼8～10次，做2～3组。

【小贴士】 运动损伤的急救——止血

止血：出血，分外出血、内出血和皮下出血3种，一般多发生混合型出血；止血的方法有高抬伤肢、指压、加压包扎、止血带和冷敷等方法。

24. 天梯

锻炼目的：增强人的肩带肌群力量和人体协调力、上肢耐力和灵活性。

锻炼方法1：悬垂，天梯下原地跳起，双手抓握横梁控制身体不晃动停留一段时间。

锻炼次数：每组锻炼悬垂40～60秒钟，做2～3组。

锻炼方法2：悬垂收腹举腿，由悬垂开始收腹举腿至水平位置以上。

锻炼次数：每组锻炼12～15次，做2～3组。

锻炼方法3：悬垂摆动行进，由器械一端悬垂开始，随身体的摆动双手轮换抓握天梯横梁向前行进至另一端。

锻炼次数：每组锻炼2次，做2～3组。

25. 双杠

锻炼目的：双杠是常见的力量练习器械，是发展双臂及胸部、肩、背部肌力的主要锻炼器械之一。

锻炼方法1：双杠支撑前进——跳上成支撑，两臂依次前进，到杠端后跳下。

锻炼次数：每组锻炼2～3次，做2～3组。

锻炼方法2：双杠臂屈伸——由支撑开始，两臂同时弯曲，身体下落，再用力伸直。

锻炼次数：每组锻炼5～8次，做2～3组。

锻炼方法3：双杠直角支撑——杠上支撑开始，并腿举腿至水平停留3～5秒钟。

锻炼次数：每组锻炼6～8次，做2～3组。

26. 单杠

锻炼目的：发展双臂及胸部、肩、背部的肌肉力量。

锻炼方法1：单杠悬垂，跳起前握（或后握）单杠，身体成悬垂状态。

锻炼次数：每组悬垂40～60秒钟，做2～3组。

锻炼方法2：引体向上，跳起前握（或后握）单杠，身体成悬垂状态，然后用力上拉身体至下颌越过杠面。

锻炼次数：每组5～6个，做2～3组。

锻炼方法3：翻身上（在低杠上锻炼），双手握住单杠，单腿上摆，翻身越上单杠。

锻炼次数：每组锻炼5～6次，做2～3组。

27. 鞍马训练器

锻炼目的： 增强臂力和身体各部分协调性，放松和娱乐身心。

锻炼方法1： 俯卧撑——由斜面支撑开始，做臂屈伸练习，也可在推手时快速击掌后再撑扶手加大难度练习。

锻炼次数： 每组锻炼10～12次，做2～3组。

锻炼方法2： 支撑跳跃——锻炼者两手抓环向前屈腿跳过，当落地后迅速跳回原地。

锻炼次数： 每组锻炼8～10次，做2～3组。

【小贴士】 运动损伤的急救——处置休克

处置休克： 一般让休克者平卧，下肢抬高，保持体温，使呼吸畅通，掐人中等使其尽可能苏醒；在一般处理后，应立即送往医院进行抢救。注意：在发生有生命危险的事故时，应在第一时间打120求救电话，以最快速度得到专业救治，在有关医生没到场时，则先要进行现场的应急处理。

28. 柔韧训练器

锻炼目的： 练习腿部、腰背部的柔韧性。

锻炼方法： 锻炼者坐在器械坐凳上，双脚放在器械踏板上，上体保持正直，双手沿器械刻度向前伸，直至不能再伸为止。

锻炼次数： 每组锻炼15～20次，做2～3组。

29. 蹬力训练器

锻炼目的： 锻炼大腿肌肉和爆发力，增强腰部肌肉力量。

锻炼方法： 坐在器械座椅上，背部靠实，双手自然放在大腿上，挺胸抬头，脚蹬住横杠，身体后移。

锻炼次数： 每组锻炼12～15次，做2～3组。

30. 下腰训练器

锻炼目的： 舒展腰背部肌肉，锻炼腰腹肌，增强腰部的柔韧性。

锻炼方法： 锻炼者身体平躺在器械平台上，腰背部与器械凸起曲面吻合，身体向后做伸展运动，接着收腹抬上体成坐姿。

锻炼次数： 每组锻炼12～15次，做2～3组。

31. 划船器

锻炼目的：发展上肢力量，增强身体柔韧性，改善心肺功能。

锻炼方法：锻炼者坐在坐垫上，双腿略为弯曲，双脚蹬住脚蹬，身体前倾，双手握住桨把。然后双手同时用力，使上体后仰，将桨把尽力拉向自己的身体；之后转换为将桨把向前推，同时人体前倾，恢复到起始状态。

锻炼次数：每组锻炼2～3分钟，做2～3组。

【小贴士】 有如下疾病不宜参加体育运动

体温升高的急性疾病（如发烧）；各种内脏疾病（心、肝、肺、肾、胃肠病）的急性阶段；凡是患有出血倾向的疾病（如鼻、上呼吸道出血，消化道出血后不久或伤后不久而有出血危险等症状的）；患有恶性肿瘤、传染病（如流感、皮肤病严重的患者）；患有心脏病、高血压、哮喘、肺结核等病的人不宜参加剧烈运动；女生月经期体育锻炼的卫生要求：要适当减少运动量，不宜从事剧烈运动、不宜游泳；有痛经或月经紊乱者应停止体育运动。

32. 斜躺健身车、直立健身车

锻炼目的：锻炼腰部、腿部肌肉力量及膝、踝关节的灵活性，愉悦心情。

锻炼方法：锻炼者坐于器械座椅上，上体靠在靠背上，同时双手握住大腿两侧扶手，双脚踩住器械踏板，做交替蹬踏动作。蹬踏动作速度因人而异。

锻炼次数：每组锻炼2～3分钟，做2～3组。

33. 肋木架

锻炼目的：这是一种综合性的练习器，可以锻炼腿部、腰部、上肢的柔韧性，且可以通过游戏的方式达到愉悦心情的目的。

锻炼方法1：压腿、踢腿练习，身体正对或侧对器械，做手扶肋木的压腿、踢腿练习；压肩，正对器械，上体前倾，直臂与肩宽，双手扶肋木，上体上下振动压肩。

锻炼次数：压腿、踢腿、压肩练习每组锻炼8～12次，做2～3组。

锻炼方法2：悬垂举腿练习，背靠肋木架，双手抓住最高横杆，双腿举到水平位置再放下，重复进行。

锻炼次数：每组锻炼6～8次，做2～3组。

34. 双人旋转轮

锻炼目的： 增强上肢肌群及腹部肌肉力量，提高身体协调能力。

锻炼方法： 双手上举抓握旋转轮，蹬地同时屈腿并使身体向一个方向转动。

锻炼次数： 每组锻炼6～8次，做2～3组。

【小贴士】运动后要注意的事项

剧烈运动后不要立即停下来休息，要做好放松运动，例如慢跑或拉伸的运动，这样能帮助身体的恢复，同时剧烈运动后不要马上大量饮水，吃冷饮，也不要立即洗冷水澡；最好喝一些淡盐水以补充身体丢失的水分和盐分，等身体平静下来洗个热水澡，这样能帮助身体的恢复。

35. 滚筒（水车）

锻炼目的： 增强心肺功能，锻炼下肢肌肉力量及反应灵活性，提高腿部的运动能力。

锻炼方法： 锻炼者站在滚筒上，重心稍靠前，双手抓握器械横梁，双脚交替用力使滚筒向前或向后转动，转动速度因人而异。

锻炼次数： 每组锻炼1～2分钟，做2～3组。

【相关链接】青少年运动技能形成的主要阶段性特点

处于12～17岁的青少年，其身体发育已接近成人水平，骨化过程已基本完成，肌肉力呈明显增大，比儿童期有更大的力量和耐久力，因而发育已基本完成，兴奋和抑制趋平衡，他们的第二信号系统的调节进一步完善。他们的思维的概括与综合能力有了进一步提高，观察力比低年级小学生更有目的性、系统性、全面性和深刻性。他们的想象力已表现出创造想象力的显著发展。青少年运动技能的形成是一个渐进的过程，具有阶段性的心理特征。实践证明，运动技能的形成一般可分为以下三个阶段。

1. 泛化阶段（认知阶段）

任何运动技能的学习，都必须经历认知阶段。通过这一阶段达到粗略地掌握运动技能的目的。运动技能初步形成的主要标志，是青少年能运用运动知识做出相应的技术动作。尽管动作质量较差，速度迟缓，费力大且不熟悉，但是作为技能已基本形成了。在此阶段技术动作的结构特点，是动作生疏，彼此缺乏应有的联系，也不协调，动作连续系统不严密。同时，肌肉动作的生理反应大都呈兴奋状态，比较容易接受新鲜事物，但存在泛化现象，即不必要的生理反应较多，整个生理能量的消耗大于完成动作的实际需要，促使动作作用力不当，忽强忽弱，很难稳定。运动技能形成初期，视觉起主导作用。表现为有意识的控制作用很强，注意力高度集中，情绪紧张，心理能量消耗过大，掌握吃力。在动作反应系统中，各种视觉距离性感知系统处于优势地位，而效应系统反馈较少。这一阶段的主要表现是忙乱、紧张，动作呆板、不协调，学生不能了解自身动作的全部情况，不易发现错误和缺点。在此阶段，学生心理活动的主要特点是通过视觉观察教师示范动作的主要结构，并进行模仿练习。主要借助于视觉表象来控制和调节，视觉表象愈清晰、正确，愈能形成正确而清晰的运动表象，就能有效地完成练习。这时候肌肉运动与感觉虽然同时发生作用，但运动感受性较差，控制力不强，故常发生错误动作而且自己又难以察觉。例如，练习篮球三步上篮的初中学生，经常是动作慢、投篮不准、有多余的动作等。学生通过教师的示范、讲解和自己的实践，只能对某一动作技能获得初步感性认识而未能形成完整正确的概念，对该运动技能的内在规律更未完全理解。此时由新的动作引起的内外刺激对机体来说都是新的刺激，它们通过各种感受器传到大脑皮质内，抑制过程尚未建立起来。皮质的兴奋和抑制过程都依照皮质本身的运动规律趋于扩散，使条件反射联系不稳定而出现泛化现象。

2. 分化阶段（改进与提高动作阶段）

这一阶段重点是使适当的刺激与反应形成联系。必须排除过去经验中的习惯的干扰，纠正习惯性动作，达到提高运动技能的目的。分化是指对运动技能在时间、空间上或动作细节上的区分更加精确。随着学习的深入，大脑皮质中的分化抑制逐步发展，大脑皮质运动区的兴奋和抑制过程在时空上的分化都日趋完善精确，运动技能也逐渐准确、熟练。发现错误动作的能力增强了，在完成动作过程和完成动作以后就能发现自己的错误。在此时不该收缩的肌肉放松了，多余的动作消除了，动作的时机、节奏也逐渐符合要求，加之第一、第二信号系统的相互作用，动作概念的明确，对各动作环节意识的更加清楚，前后动作连贯准确，基本上学会了动作，初步形成运动动力定型，但还不够稳定，在新异或强烈刺激的干扰下，又易遭到破坏，则会有多余动作、不协调，甚至错误动作又会出现。这一过程应强调对动作细节的要求，加强对动作的分析和思考，纠正整套动作中的不合理和不正确部分，以促进分化抑制进一步发展。

3. 巩固阶段（包括自动化阶段）

反复强化正确的动作技术，向自动化阶段过渡。这一阶段的特点是运动技能的动力定型已经巩固地建立起来。皮质内兴奋和抑制过程更加集中，神经运动过程的运动更加精确。动作技能达到迅速精确、自动化。巩固过程，通过反复练习，运动动力定型趋向巩固，皮质运动区内兴奋与抑制过程不论在空间和时间上都更加集中，动作更加准确、协调、省力，动作细节也正确无误，某些环节可以在脱离意识的控制下完成，即初步形成自动化，在不利条件下运动形成也不致遭到破坏，植物性神经功能与躯体神经功能的协调配合已成为整个运动技能的组成部分。这一过程运动定型已趋于稳定，但仍应经常练习不断提高动作质量，否则定型还会消退，愈是难度大、复杂性高的动作以及掌握不牢的动作愈易消退。这一过程应进一步要求青少年对动作技术理论和力学分析的探讨，加深对动作内在联系的认识，配合运动实践促进成套动作达到自动化过程。随着动作技能的巩固和发展而达到熟练技巧程度时，动作就可以出现自动完成。所谓自动化就是在练习某套动作时可以在脱离意识的情况下自动完成。当然，自动化也不是完全脱离大脑皮质的支配，当环境变化使自动化受到阻碍时，自动化又会变成有意识的。人类的一个最突出的学习技能特点就是把复杂的学习过程变成刻板式的反应，这样可以节省很多“精神能量”。在这个阶段，各动作联合成为一个有机的系统，并且稳定而巩固下来。各个动作相互协调，动作能够依照顺序以连锁反应的方式实现。在完成动作时，意识的参与减少到最低的限度。学生的注意范围扩大，肌肉运动表象更加稳定而清晰，视觉对动作的控制作用减弱，动觉对动作的控制作用加强，许多动作就像“自动化了”一样，意识的控制作用减弱。但当动作进行不顺时，却能很敏锐地觉察出来。特别是在要求注意全部动作的情况下，每个动作因素就全部能被觉察到。

总之，动作技能的形成过程是连续的，各阶段之间并无明显的界限，每一个阶段的长短不是固定不变的。在许多情况下，某些阶段可能不存在。这与许多因素有关，如肌肉活动的强度和动作的复杂程度、运动器的现状、个体的训练水平等。实践表明，复杂动作是在早已形成的许多协调的动作基础上形成的。训练水平高的运动员学习新的动作时，泛化过程很短，对动作的精细分化能力也强，形成运动技能快；而运动新手在学习新动作时泛化阶段较长，分化能力差，掌握动作慢。此外，在某些简单的动作学习时，具有一定训练水平的学生，可以不经过第一甚至第二阶段就可以学会动作。上述动作技能形成的几个阶段是有机联系的，是相对而言的。它既反映了青少年认识事物、掌握动作技能的逐步深化过程，也反映了其个体身体机能和体质不断变化和提高的过程。运动技能的形成不仅具有一般性而且具有特殊性，它既符合一般运动员的特点，又具有普通青少年运动技能的特殊性。只有根据运动技能形成的条件和青少年的心理和生理特点，才能加快和促进青少年运动技能的形成过程，提高其体育技能水平，从而促进身体活动能力的增强和体质的改善。

身体素质锻炼篇

青少年的各种身体素质的发展趋势是由增长阶段过渡到稳定阶段，但其年龄界限不完全一致，男女之间也有差别。由于人体各器官、系统在发育的时间与速度上存在着明显的差异，因而各项素质的增长也存在着差异。在某一年龄阶段，某种素质增长较快，而在另一阶段，另一种素质增长又较快。在此将某种素质增长速度特别快的年龄或年龄点称为该素质发育的“敏感期”。

抓住青少年生长发育的敏感期：一般6~12岁是儿童期，10~17岁是青少年期，而10~14岁又是青少年生长发育的急增期，在该期的体育锻炼过程中，一方面不能过早地施加大负荷训练，另一方面受着生长发育的生物学因素的影响，它与体育锻炼又是相互制约、相互促进的对立统一关系。我们应当充分利用青少年的生长发育和解剖生理及各系统的不同特点，抓住其敏感期，促进身体的良好发育和体育素质的协调增长。青少年速度素质的敏感期是在13岁，这一阶段速度素质提高最快。15~16岁次之，而16~17岁以后变化就不明显了。灵敏素质的敏感是在1~14岁，而力量素质是14~16岁时发展得较快，在青春发育期进行耐力训练可以为以后打下良好的耐力基础。身体素质发育的敏感期是挖掘青少年自身身体潜能的最佳时期，正确地把握方法、手段就能最大限度挖掘运动潜力，而一旦错过，或者由于措施不当就可能因此错失良机，从而影响体质增强目标的达成。发展青少年身体素质旨在通过体育锻炼促进其身体的结构和机能得到发展，提高体格和体能水平。

身体素质是衡量一个人体质水平的重要标志之一，是机体在中枢神经的控制下，肌肉以不同的活动形式所表现出来的力量大小、速度快慢、关节活动范围的幅度等。这些机体工作的能力称之为身体素质。提高青少年身体素质水平，是为了增强体质，从而使其能更好地掌握各种技术、技能，提高综合素质。从运动生理的角度讲，身体素质一般可分为力量素质、速度素质、耐力素质、灵敏素质和柔韧素质五类。各项之间相互联系、相互影响，发展某一项素质的同时，其他素质也相应得到发展。

一、臂部力量的锻炼

1. 鞍马训练器

练习方法：击掌俯卧撑——由斜面支撑开始，做臂屈伸练习，推手时能快速击掌。

动作规格：伸臂时积极推手击掌。

练习次数：每组锻炼15～20次，做3～4组。

安全提示：击掌后要准确确定扶手位置，积极支撑，防止脱落。

2. 双杠

练习方法1：双杠支撑前进——跳上成支撑，两臂依次前进，到杠端后跳下。

动作规格：前行时挺胸、直腰，不要耸肩。

练习次数：每组锻炼6～8次，做3～4组。

安全提示：前行时一手支撑时要支撑住，结束跳下时要缓冲跳下。

练习方法2：双杠臂屈伸——由支撑开始，两臂同时弯曲，身体下落，再伸直。

动作规格：两臂尽量向下弯曲后再伸直。

练习次数：每组锻炼6～8个，做3～4组。

安全提示：充分伸展腕关节和肘关节后再进行练习。

练习方法3：支撑前摆越下——支撑前摆到最高点，推手向侧跳下。

动作规格：一定要前摆至最高点后，推手向侧跳下。

练习次数：每组锻炼6～8次，做3～4组。

安全提示：前摆至最高点，积极推手向侧跳下，跳下时注意缓冲。

练习方法4：挂臂屈伸练习——双臂自然弯曲挂在双杠上，做摆动屈伸动作。

动作规格：充分摆动，双臂屈伸。

练习次数：每组锻炼10～12次，做3～4组。

安全提示：双手握住杠杆，上臂紧贴杠面。

3. 引体向上训练器（引体架、单扛）

练习方法：单杠引体向上——锻炼者双手抓杠，握距略比肩宽，可正握（手心向外），也可以反握（手心向内），身体自然悬垂。两臂用力屈肘带动身体上引，一直到头部下缘过单杠的水平面，然后慢慢还原至手臂伸直，重复多次。

动作规格：若身体较高可双腿交叠，使身体离地。身体自然悬垂时，要充分展开，拉起时尽可能下肢不要摆动。

练习次数：每组锻炼6～10次，做3～4组。

安全提示：紧握横杠，防止跌落。

4. 举重架

练习方法：站在杠铃后，双手正握（拳心向内）或反握（拳心向外）杠铃横杆，双臂用力将杠铃提至胸部接着上举至两臂伸直，然后缓慢屈臂使杠铃下降至胸部位置，接着将杠铃回放至举重架上。

动作规格：向上举至最高点，杠铃杆下降需经过锁骨位置。

练习次数：每组锻炼10～12次，做3～4组。

安全提示：回放时要注意缓慢、匀速。

5. 臂力训练器

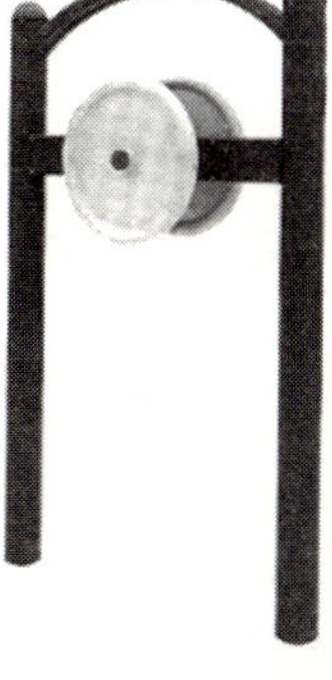

练习方法：两人分别在转轮两侧向对方相反的用力方向推动转轮边缘，互相较力。

动作规格：抬头，双手抓握紧。

练习次数：每组锻炼12～15次，做3～4组。

安全提示：较力时，不可突然撤力，防止对方受伤。

6. 伸腰训练器

高位俯卧撑（练习方法）：锻炼者面对伸腰训练器，两手抓栏杆，做俯卧撑练习。

动作规格：屈肘使胸部贴近圆柱形曲面上。

练习次数：每组锻炼15～20次，做3～4组。

安全提示：双脚前脚掌踏实地面，双手抓牢栏杆。

二、手抓握力的锻炼

云梯

练习方法1：悬垂依次行进——锻炼者站在云梯的一端，上举双手，向上跳起，双手正握横杠，双脚离地，身体腾空。如身体较高，可两腿膝关节略弯曲，以达到身体腾空的要求。在身体悬垂的情况下，以一手抓紧横杠，另一手迅速放开并向前抓下一个横杠，待身体平衡后，换另一手向前抓杠，如此双手交替，以手代步前行。跳起正手（反手）握横杠，两手交替前进，到另一端后返回。

练习次数：每组锻炼3～5趟，做3～4组。

安全提示：要循序渐进，量力而行。此外，锻炼前应进行充分的热身活动。

练习方法2：悬垂车轮跑——跳起正手握住横杠，双腿成跑步姿势练习。

动作规格：呈车轮向前行进。

练习次数：每组锻炼15～20秒，做3～4组。

安全提示：注意集中，看准抓牢横杠。

三、胸大肌力量的锻炼

1. 坐姿下拉训练器

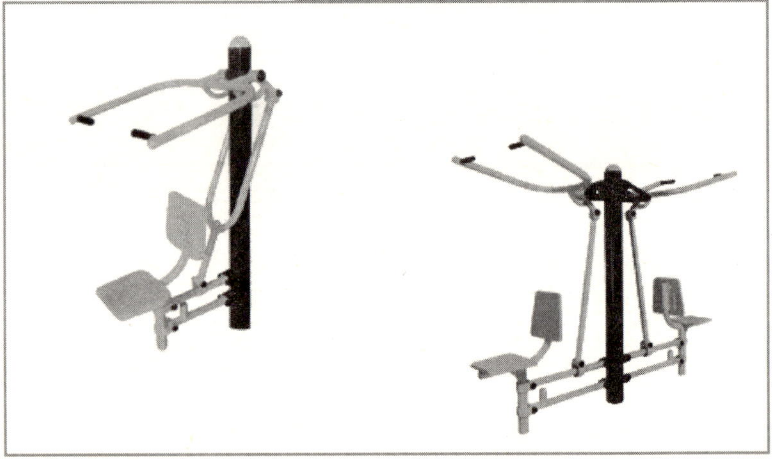

练习方法：背靠器械坐下，双手握紧拉杆把手，缓慢用力下拉，然后缓慢还原。

动作规格：背部挺直，向下拉时肘关节始终垂直地面，体会肩胛骨内收的感觉。

练习次数：每组锻炼10～15次，做3～4组。

安全提示：肩、肘关节活动开后方可进行练习。

2. 坐姿前推训练器

练习方法：坐在座凳上，背部靠实、挺直，双手握紧把手，用力向前推起后慢慢还原，反复进行。

动作规格：向前推起时达到手臂呈伸直状态。

练习次数：每组锻炼15～20次，做3～4组。

安全提示：向前推时可以稍快，还原缓慢，还原至起始位时防止两臂过量后伸。

四、腹肌力量的锻炼

1. 腹肌架

练习方法1： 躺在器械上，用脚勾牢横杠，两手轻扶头后且手指不交叉，或双手胸前或两臂前伸，身体上部向前直起。

练习次数： 每组锻炼15～20次，做3～4组。

安全提示： 脚部勾牢横杠，注意正确呼吸，向上时吸气，向下时呼气，严禁憋气。

练习方法2： 躺在器械上，用脚勾牢横杠，两手轻扶头后且手指不交叉，或胸前或两臂前伸，上体起身转体仰卧起坐。

动作规格： 力量较好可采用抱头仰卧起坐，稍差可采用抱胸仰卧起坐。

练习次数： 每组锻炼15～20次，做3～4组。

安全提示： 脚部勾牢横杠，注意正确呼吸，向上时吸气，向下时呼气，严禁憋气。

2. 仰卧起坐平台

练习方法1：直臂（抱头）仰卧起坐——身体仰卧，下肢固定，以髋关节为转轴，臀部贴紧凳面，腹肌发力，两臂前平举或抱头起上体至上体垂直地面。还可以进行静止练习，将上体起至45°角即可。亦可以动静结合，反复练习。

动作规格：在充分拉长腹直肌的基础上尽量收腹折体，使胸腹部贴近大腿。倒体时要慢（退让性动作），折体时要稍快，要注意团身。

练习次数：每组锻炼15～20次，做3～4组。

安全提示：动作过程中不要用力低头，防止损伤颈部，动作过程中不要憋气，注意呼吸均匀。

练习方法2：屈膝（直腿）仰卧举腿——固定上体，仰卧屈膝或直腿收腹；还可以进行静止练习，将下肢起至45°角静止不动或采用蹬自行车的练习；亦可以动静结合，反复进行练习。

动作规格：腹肌发力，两腿上举至与地面垂直。缓慢下放，体会腹肌的被动收缩。

练习次数：每组锻炼15～20次，做3～4组。

安全提示：上肢固定在横杠时，注意肩关节和肘关节的活动范围。

练习方法3： 仰卧背起——身体俯卧于平台上，固定下肢，双手放于身体两侧或抱头做抬上体练习。

动作规格： 以髋关节为轴，上背部尽量向后上抬起。

练习次数： 每组锻炼15～20次，做3～4组。

安全提示： 背起时尽力而为，防止脊柱受伤，还原时防止面部磕碰凳面。

练习方法4： 侧腰练习——身体侧卧于平台，固定下肢，双手抱头，侧起上体；该练习还可以进行静止练习，上体或下肢控制在30° 角即可；另外，可以动静结合，反复进行练习。

动作规格： 身体侧卧，侧起上体至30° 左右。

练习次数： 每组锻炼15～20次，做3～4组。

安全提示： 下肢要固定好，快起慢落。

五、腰背肌力量的锻炼

扭腰器

练习方法：两手同肩宽扶住把手，两脚平衡而自然地站在转盘上，站立位置要适中，两侧保持均衡。上身保持自然向前姿势，锻炼时以腰部肌肉用力，使腰部以下产生转动。

动作规格：上体与下体以髋关节为轴，有“麻花”似的扭的感受。转动的角度一般在60~90° 。

练习次数：每组锻炼15～20次，做3～4组。

安全提示：锻炼时匀速转动，并且一定要手握把手，以免失去平衡而摔倒。

六、腿部力量的锻炼

1. 腿部训练器

练习方法：坐在器械座椅上，背部靠实，挺胸抬头，脚蹬住踏板，身体后移。

动作规格： 背部靠实，挺胸抬头，蹬起至膝关节接近伸直。

练习次数： 每组锻炼15～20次，做3～4组。

安全提示： 脚要蹬紧，蹬起后还原要缓慢，切忌快速还原。

2. 鞍马训练器

练习方法： 支撑跳跃练习——锻炼者两手抓环向前屈腿跳过，当落地后迅速跳回原地。

动作规格： 积极屈膝支撑腾跃。

练习次数： 每组锻炼15～20次，做3～4组。

安全提示： 积极屈膝腾跃，防止腿部磕碰到器械。

3. 摸高器

练习方法： 面对摸高器原地站立，尽力向上举起一手，测量指尖的高度。原地屈膝用力向上跳起，在跳起时迅速向上伸臂，用指尖触摸上方的高度牌，跳起触摸的高度减去原地站立时指尖的高度即为弹跳的高度。起跳时应注意正确地运用双手的摆臂动作，以帮助提高成绩。

练习次数： 每组锻炼15～20次，做3～4组。

安全提示： 练习时务必穿运动鞋，并进行适当热身运动，检查地面是否平整。

4. 肋木架

练习方法1：悬垂摆腿——双手抓握住横杠，使身体背靠肋木双脚离地呈悬垂姿势，一腿向前举到水平放下，再向侧举腿，两腿交替进行。

动作规格：前举水平，侧举水平。

练习次数：每组锻炼15～20次，做3～4组。

安全提示：双手握紧，防止脱落，踢腿时不要猛然用力。

练习方法2：扶肋木蹲起——面对肋木双手扶住位于腹部靠上的横杆，两脚与肩同宽，屈膝下蹲，背部挺直，蹲至大腿与地面平行时起身。反复进行蹲、起练习。

动作规格：抬头，挺胸，收腹，背部挺直。以腿部肌肉发力。

练习次数：每组锻炼15～20次，做3～4组。

安全提示：蹲起时膝关节始终冲着脚尖方向。防止损伤膝关节。

练习方法3：扶肋木摆腿——侧向肋木架，一手扶住与肩部同高的横杠，向前后摆腿。支撑腿注意保持膝关节微屈，向前摆腿时体会大腿前侧发力，向后摆腿时上体保持正直，体会大腿后侧发力。交换摆腿。

动作规格：支撑腿膝关节微屈，向前摆动时尽量摆至与地面平行，向后摆动时上体保持正直，尽量向后摆动。

练习次数：每组锻炼15～20次，做3～4组。

安全提示：摆腿不要猛然发力，支撑腿膝关节要保持微屈。

练习方法4：蹬、拉练习——双脚蹬住最低一根横杠，双手抓紧中间横杠，双手依次逐根抓握横杆向下移动。

动作规格：膝关节伸直，肩关节要打开。

练习次数：每组锻炼15～20次，做3～4组。

安全提示：手要扶紧肋木，前脚掌踏实，防止跌落。

练习方法5：扶肋木上下行走——面对肋木双手扶横杆站立，两腿交换上下蹬踏。

动作规格：挺胸，抬头，收腹，蹬腿有力。

练习次数：每组锻炼15～20次，做3～4组。

安全提示：蹬横杠时要踏实，防止滑跌。

5. 健骑机

练习方法：坐在座凳上，双脚踏住脚蹬，双手正握把手。运动时双腿用力向下蹬脚蹬，同时双臂将把手拉向身体，至双腿蹬直、身体尽力伸展。然后腿、臂放松，在体重作用下，使健骑器回到初始位置。多次重复这一动作。

动作规格： 身体伸展，双腿蹬直。

练习次数： 每组锻炼1～1.5分钟，做3～4组。

安全提示： 蹬住脚蹬，缓慢还原。

【相关链接】

力量是指在肌肉紧张或收缩时所表现出来的能力，通常把人体在运动活动中表现的这种机能能力称为力量素质。力量素质是人们日常身体活动所必需的素质，是速度、耐力、灵敏等素质的基础。按照肌肉收缩形式的不同，力量可分为静力性力量和动力性力量。静力性力量是指肌肉紧张或收缩时肌肉长度未发生变化而产生的力量，这类肌肉工作可使身体各环节之间保持一定的位置，取得相对的平衡；动力性力量是指肌肉紧张或收缩时肌肉长度和身体环节的位置发生改变而产生的力量，它可使人体或器械产生明显的位移。评价人体的力量素质，除了要看肌肉工作时克服阻力的能力（肌肉所能产生的最大力量）和肌肉快速收缩的能力外，肌肉在一定负荷条件下所持续工作的时间长短也是一项重要内容，这就是力量耐力。速度力量练习能够改善肌肉群的协调性，并使肌肉中快肌纤维增粗、活性提高，提高肌肉快速收缩的能力。

青少年力量练习应注意如下问题。

第一，注意安全，防止伤害事故的发生。由于力量练习的强度较大，因此要做好充分的准备活动，使神经、肌肉和关节处于良好的工作状态。练习时注意力要集中，同时做好保护工作，防止意外事故的发生。

第二，力量练习要注意克服片面性。要协调发展身体各部位的肌肉力量，不要只注意发展某一局部肌肉力量，而忽视其他部位；练习手段和方法要有变化，要动静结合、手段多样。

第三，循序渐进，持之以恒。肌肉力量的提高和适应性变化是长期练习的结果，因此，力量练习的运动量要逐渐增加，力量练习要长期坚持。如果间断训练，所获得的良好变化就会逐渐消失。一般认为，隔日进行练习的效果较好。

第四，由于静力性练习基本是在憋气状态进行的，肌肉持续紧张，呼吸和血液循环均比较困难，处在生长和发育阶段的青少年应尽量减少采用。

七、肩部柔韧性的锻炼

1. 肋木

练习方法1：面对肋木压肩——面对肋木体前屈双手扶横木压肩，上下振动。

动作规格：体前屈约90°，低头，手臂尽量伸直。

练习次数：每组锻炼15～20次，做3～4组。

安全提示：振动幅度不可过猛，防止肩部损伤。

练习方法2：侧对肋木拉肩——侧对肋木站立，双手头上直臂抓握横木，外侧髋向外做顶髋运动，接近极点时还原。

动作规格：梗头，身体伸直。

练习次数：每组锻炼15～20次，做3～4组。

安全提示：抓握横木要紧，防止脱手摔倒。

练习方法3：肋木悬垂——背对肋木双手抓握横木，双脚离地悬垂停留一段时间后跳下。

动作规格：挺胸，抬头，身体放松。

练习次数：每组锻炼8～10次，做3～4组。

安全提示：抓握横木要紧，防止掉下。

2. 上肢牵引器

练习方法：双手握住手柄，左右手交替牵拉绳索，通过手臂的上下交替运动，使肩关节及相关部位的肌肉得到锻炼。

动作规格：一手主动下拉，另一手被动上拉。

练习次数：每组锻炼1分钟，做3～4组。

安全提示：幅度要由小到大。

3. 云手转轮

练习方法：锻炼者面向器械，双手分别抓住两个转轮的手柄，双脚左右开立与肩同宽，双手通过转动手柄使转轮转动。转轮的转动方向可由锻炼者自己掌握，可双手同时向右转，也可向右或相向转动转轮。

动作规格：体会太极拳中“云手”动作。

练习次数：每组锻炼15～20次，做3～4组。

安全提示：注意使用过程中要匀速转动。

八、腰部柔韧性的锻炼

1. 下腰训练器

练习方法1：仰卧起腰练习——坐在平板上，上体躺在凸起的部位，腰部悬空，做起腰练习。

动作规格：腰部空出，身体呈一直线。

练习次数：每组锻炼15～20次，做3～4组。

安全提示：上体紧贴凸起部位，防止滑落。

练习方法2：高腿位仰卧起坐练习——把腿放在下腰训练器凸起部位，头枕平台上，然后做仰卧起上体的练习。

动作规格：控制腿一直放在凸起部位，抬上体与地面呈45°角即可。

练习次数：每组锻炼15～20次，做3～4组。

安全提示：快起慢落。

练习方法3：仰卧举腿练习——仰卧于下腰训练器上，两手抓训练器凸起部位，然后进行收腹举腿练习。

动作规格：上体固定，举腿至与地面垂直。

练习次数：每组锻炼15～20次，做3～4组。

安全提示：双手抓牢训练器凸起部位，举腿要快起慢落。

2. 伸腰训练器

练习方法1：后桥练习——练习者两腿伸直坐在训练器的前斜面上，手抓住两侧的扶手，然后身体慢慢向后仰，使腰部靠在伸腰训练器的圆柱形曲面上，充分伸展成桥形，保持5~8秒，然后回复起始状态。

动作规格：尽可能身体向后成桥形伸展。

练习次数：每组锻炼15～20次，做3～4组。

安全提示：向后伸展幅度要循序渐进。

3. 转体训练器

练习方法： 吊环转体——站在底盘上，两手抓住两环，做转体练习。两脚可离开底盘，也可不离开，转体幅度要超过90°。

动作规格：体会尽量上体保持不动，以腰为轴向左右转动超过90°。

练习次数： 每组锻炼15～20次，做3～4组。

安全提示： 转动速度要均匀用力，双手抓住把手。

九、腿部柔韧性的锻炼

1. 压腿训练器

练习方法1： 正、侧压腿——站立在器械前，面向（或侧对）器械，保持身体平衡，左脚或右脚放在高度适当的横杠上，膝关节伸直，上身向前（侧）倾压，以伸展相应的肌肉和韧带。

动作规格： 搁置在横杠上的脚尖要尽量绷紧，体会肌肉、韧带拉伸的感觉。

练习次数： 每组锻炼2～3分钟，做3～4组。

安全提示： 循序渐进，切忌猛然用力。压腿后要进行一些踢腿的练习。

练习方法2： 后压腿——背对压腿架，一脚反扣在压腿架上，一脚支撑，手叉腰下蹲。

动作规格： 搁置在横杠的脚尖要尽量绷紧，体会肌肉、韧带拉伸的感觉。

练习次数： 每组锻炼2～3分钟，做3～4组。

安全提示： 压腿时要缓慢进行，循序渐进，切忌猛然用力。压腿后要进行一些踢腿的练习。

练习方法3： 扶架横叉——正对压腿架双手扶架，两腿左右分开并逐渐降低重心，当下降至两腿接近最大开度时，做上下小幅度振动。

动作规格： 抬头，挺胸，立腰，两腿伸直。

练习次数： 每组锻炼8～10次，做3～4组。

安全提示： 两腿开度依据自身腿部柔韧性而定，振动不宜过猛，防止拉伤。

【相关链接】

柔韧素质是指人体在一定时各关节活动的幅度或活动范围。柔韧性的水平取决于关节的骨结构、关节周围组织体积的大小、关节的韧带肌腱、肌肉和皮肤的伸展性，以及温度、情绪等因素。良好的柔韧性是青少年必须具备的基本条件和重要的身体素质。各项体育锻炼前要进行柔韧练习，其目的在于扩大动作活动范围，同时推迟疲劳发生。如果没有充分的柔韧练习，就容易拉伤肌肉和韧带。柔韧又是提高专项一定技术水平的一个重要因素，要想使技术达到完美，没有良好的柔韧性是办不到的。

青少年柔韧练习要注意：柔韧练习每组至少要做5～10次，否则无效。身体不同部位的柔韧练习应交替进行，从躯干开始，然后上下肢交替进行。柔韧练习进展快，消退也快，要持之以恒。

十、身体灵敏性、协调性的锻炼

1. 吊桩

练习方法：锻炼者手脚配合，手抓吊索，脚踩住脚蹬向前走动，从软梯的一端走到另一端。接着可原路返回，也可下器械重新开始。

动作规格：手抓吊索，脚踏脚蹬。

练习次数：每组锻炼5～6次，做3～4组。

安全提示：练习时应穿运动鞋或软底鞋。每一步要看准脚蹬位置，手抓牢吊索，脚踏实脚蹬。

2. 跑跳横梁

练习方法1：跳跃横梁——正对横梁站立，向前跳跃横梁后，转身再跳回来。

动作规格：向前跳跃，动作舒展。

练习次数：每组锻炼5～6趟，做3～4组。

安全提示：注意力高度集中，判断好落点。

练习方法2：交叉跑跳——侧向横梁站立，外边腿先跨越横梁，呈“之”形左右交叉向前跑跳行进。一节横梁做3次练习。

动作规格：呈“之”字形左右交叉跑跳行进。

练习次数：每组锻炼5～6次，做3～4组。

安全提示：动作舒展，注意力集中，判断好横梁的高度。

【相关链接】

灵敏素质是指人体在各种环境条件突然改变的情况下，能快速、准确、协调、灵活地改变姿势和运动方向的能力及迅速适应情况变换的能力。它是技能和各种素质在活动中的综合表现。灵敏素质有助于发展反应、起动、急停、变换方向的速度，能更快且精确省力地掌握各种复杂的技术和战术。可充分发挥机体的速度、力量和耐力，促进运动能力的提高。灵敏素质可分为一般灵敏素质和专项灵敏素质两类：在运动中以表现基本的身体方位、动作、变化及其适应能力被称为一般灵敏素质；在各种运动项目技术上表现的变化能力称专项灵敏素质。

青少年灵敏练习应注意如下问题。

第一，要在精神状态好、体力充沛、身体不觉疲劳的情况下进行练习。

第二，每次练习的时间不宜过长，练习的重复次数也不宜过多。

第三，女子进入青春期，由于体重增加，有氧能力下降，以及内分泌系统变化的原因，灵敏素质会出现下降趋势。

第四，发展灵敏素质，要参加各种运动项目的锻炼，因为灵敏素质的发展有赖于其他素质的发展。

十一、身体平衡能力的锻炼

1. 梅花桩

练习方法1：桩上行——从左脚踏上A桩开始，按英文字母顺序行走直至终点OK桩，再从OK返回到A桩。前行中可张开双臂保持平衡。（注：A桩为最外侧的一个桩，OK桩为中心桩）

动作规格：按字母顺序进行。

练习次数：每组锻炼5～6趟，做3～4组。

安全提示：踏稳，踩实，防止跌落。

练习方法2：交叉走桩——右脚踏上A桩开始，两脚交叉行走。到OK桩后，再返回到A桩。

动作规格：保持身体平衡，两脚交叉进行。

练习次数：每组锻炼5～6趟，做3～4组。

安全提示：踏稳，踩实，防止跌落。

2. 平衡木

练习方法：木上行走——站在平衡木上做向前、向侧、向后走，两臂侧举以维持身体平衡。如果走得比较熟练可以增加难度，把走变成提踵行走或小跑。

动作规格：木上行走时要挺胸、抬头、直腰，步幅均匀。

练习次数：每组锻炼5～6趟，做3～4组。

安全提示：要穿着舒适柔软的防滑运动鞋，防止跌落下平衡木。

3. 滚筒（水车）

练习方法：手扶住扶把，两脚先后站上滚筒，并将身体前倾，靠向扶把。保持人体平衡，双脚依次向后用力连续蹬踏滚筒，使滚筒产生旋转。

动作规格：上肢扶在横杠上，腿部发力向后蹬伸。

练习次数：每组锻炼1～2分钟，做3～4组。

安全提示：转动滚筒的速度要由慢而快，不宜用力过猛。运动结束后，应等水车停稳后再下器械。

十二、心肺功能的锻炼

1. 椭圆机训练器

练习方法1： 双手握住横杠，两脚分别踩在左右两个踏板上，人体保持自然站立姿势。左腿膝关节保持伸直，以髋关节为轴心向前迈步，同时右腿也尽量保持伸直，向后抬起，两腿迈开至一定角度（约60°）时，顺重力作用自然下行，至垂直线时转为右腿前迈，左腿后抬，如此周而复始，使两腿以自然协调的姿势交叉迈步。

动作规格： 挺胸，抬头，直腰，腿部发力，向前迈步。

练习次数： 每组锻炼3～5分钟，做3～4组。

安全提示： 手要扶紧横杠，前脚掌要抵住脚踏板前端。

2. 跑步机

练习方法：锻炼者握住扶手，人站在跑台上，身体稍前倾，匀速地慢跑或走。

动作规格：练习时须注意迈腿时要提膝，并以前脚掌落在第一根滚轴上，向后方踩动。

练习时间：每组锻炼5～8分钟，做1～2组。

安全提示：两手扶稳把手，注意要积极提膝向前迈腿，防止摔倒。

3. 踏步器

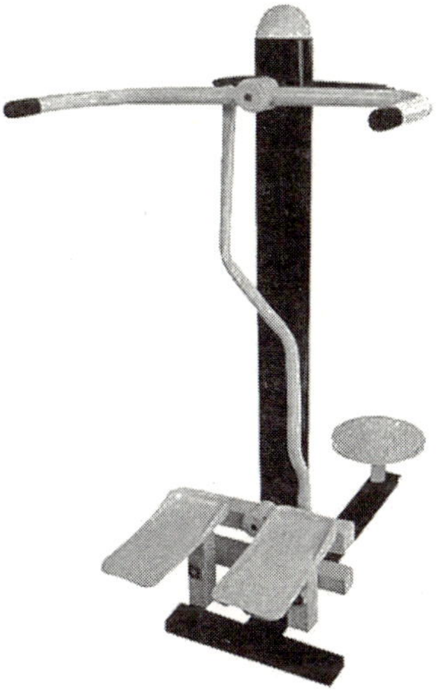

练习方法：双手握住扶手，与肩同宽，两脚踏在两个踏板上；模仿登梯上楼动作，两脚依次交替用力，将踏板踏下。

动作规格：体会登楼梯动作，双脚有力下踏。

练习次数：每组锻炼3～5分钟，做2～3组。

安全提示：双手扶住扶手，脚要踏稳、踏实。

【相关链接】

耐力素质是指人体长时间活动与疲劳做斗争的能力。从运动生理角度讲，耐力素质可分为有氧耐力、无氧耐力和肌肉耐力。耐力素质是一般竞技耐力的基础素质之一，不仅在耐力性运动项目（如长跑、长距离游泳等）中有着突出的意义，而且与其他运动素质的发展有着十分密切的关系。加强耐力素质的锻炼，能有效促进呼吸系统、循环系统功能的提高。青少年应抓住青春发育期这一体质发展的重要时期，以各种有效手段坚持锻炼，以提高耐力素质，增强心肺功能，使其终生受益。

青少年耐力素质的练习应注意如下问题。

第一，发展肌肉耐力的练习一般采用中等或接近中等以下负荷强度为宜。

第二，影响发展肌肉耐力的重要因素是完成练习的重复次数，一般以12～18次为宜。但在实践中即使是较小的负荷强度，只要坚持较多的重复次数，达到自己练习的极限为止，也可以使肌肉耐力得到发展。所以，初练者应采用增加重复次数的方法，达到一定负荷量，随着锻炼水平的提高逐步达到中等负荷强度。

健康危机干预与促进篇

一、青少年主要健康危机

1. 健康的含义

现代健康的含义并不仅是传统上所指的身体没有疾病，它是多元的、广泛的，包括生理、心理和社会适应性3个方面，其中社会适应性归根结底取决于生理和心理的素质状况。根据“世界卫生组织”的解释：健康不仅指一个人没有疾病或虚弱现象，而是指一个人生理上、心理上和社会上的完好状态。这就是现代关于健康的较为完整的科学概念。心理健康是身体健康的精神支柱，身体健康又是心理健康的物质基础。良好的情绪状态可以使生理功能处于最佳状态，反之则会降低或破坏某种功能而引起疾病。身体状况的改变可能带来相应的心理问题，生理上的缺陷、疾病，特别是痼疾，往往会使人产生烦恼、焦躁、忧虑、抑郁等不良情绪，导致各种不正常的心理状态。作为身心统一体的人，身体和心理是紧密依存的两个方面。

2. 危机

危机（crisis）是指人类个体或群体无法利用现有资源和惯常应对机制加以处理的事件和遭遇。危机往往是突发的，出乎人们的预期。如果不能很快得到控制和及时缓解，危机就会导致人们在认知、情感和行为上出现功能失调以及社会的混乱。美国心理学家卡普兰（G. Caplan， 1954）提出，每个人都在不断努力保持一种内心的稳定状态，使自身与环境相平衡与协调，当重大问题或变化发生使个体感到难以解决、难以把握时，平衡就会打破，正常的生活受到干扰，内心的紧张不断积蓄，继而出现无所适从甚至思维和行为的紊乱，进入一种失衡状态，这就是危机状态。

心理危机会引起人体的生理反应，从而导致身体机能的危机，最终形成整个身体健康的危机。心理危机可以从静态与动态两方面来理解。从静态角度讲，心理危机是一种状态，主要表现为个体运用惯常的应对方式无法处理所面临困境时的一种不平衡心理状态，它是一种过渡状态，人不可能长久地停留在危机状态之中，整个心理危机活动期持续的时间因人而异，短者仅24～36小时，最长也不超过4～6周；从动态的方面来理解，心理危机是一个过程，表现为个体发展中原有平衡状态被打破，而新的平衡状态尚未建立的阶段。

20世纪的工业化进程在给人类生活带来巨大福祉的同时也带来了深重的心理危机，前所未有的巨大心理压力使他们不堪重负，由心理危机引发的社会问题也日益增多。20世纪80年代，“心理危机”这一概念逐渐进入国人的视野。伴随着我国社会变革步伐的不断深入和加快，不可逆转的现代化进程所带来的快节奏、多风险和强竞争使每个社会成员都面临着或大或小的心理压力。青少年时代是人生中充满机遇、充满希望的时代，同时也是充满着挑战和不确定性的时代。青少年这一群体在承受着社会急剧变革所带来的沉重的精神负担之外，还感受着成长期特定的心理困扰。在巨大的压力下，一些相对脆弱的青少年就难免陷入心理危机，出现过激行为。此外，由于学校生活的集群性和群体构成的同质性，发生在学校领域的心理危机往往更具有传染性，很容易带来整个校园的混乱，对这种现象如果不加以干预和引导，将直接导致青少年由潜在的身体健康危机发展成真正的健康杀手，最终影响到青少年的健康成长。

3. 青少年主要健康危机

青春期是少年到成人的过渡期。此间，人体内分泌及神经系统机能都发生急剧变化，在思维、情感、情绪、欲望等方面亦发生显著的变化。对于这种变化，年轻人往往是作为不安来体验的。尤其是那些聪明的青少年，机体和心理的急剧变化，会使他们变得敏感多疑。他们的脑子里好像有一大堆问号，如若这些问号没能得到正确的解答，随着他们的注意力集中到机体的某一部位，就会出现各种各样的症状。比如说，注意力集中在生病上，会出现疑病症；集中在得失上，会出现抑郁症；集中于某一意念或行动上，会出现强迫症。这些症状的出现又会形成新的压力，导致身体与精神的极度紧张，幻觉与幻听也随之而来。这些“症状”虽然与某些神经症相像，却属正常危机。在现实生活中，青春期正常危机常常被错误地诊断为神经症或精神病。实际上，如果对这种日益加剧的危机能够给予及时有效的指导，会有助于青少年身心的健康发展。处理青春期正常危机毋须用药，加强体育锻炼能起到事半功倍的效果。青春期危机这一现象是客观存在的，问题是我们怎么去理解它、把握它，并对它加以概括。青少年进入青春期无疑会遇到诸多情绪困扰，这未必不是一件好事。一个人从少年到成年一帆风顺，没有经历过任何情绪困扰，没有经历情绪失调的体验，也未必是一件好事。但青年人遇到冲突或挫折，情绪失调到什么程度为正常，什么程度为不正常呢?在一生中，人人都会偶尔感到轻微的情绪失调。当今青少年的成长相对于他们的父辈要艰难得多。怎样才能预防青少年受到精神疾病的伤害，健康地到达成人的彼岸呢?有规律地、长期不间断地参与体育健身活动是一个很好的选择。

最近一项调查发现，当前青少年心理健康问题表现的形式多种多样，有10%～15%的在校青少年学生存在心理行为问题，主要表现为：学习困难、考试焦虑、难于应付挫折、青春期性心理扭曲、情绪不稳定、自我失控、心理承受能力低、意志薄弱、缺乏自信、记忆力衰退、注意力不集中、思维贫乏、学习成绩不稳定，并在行为上出现打架、骂人、说谎、迷恋网络、心理脆弱、考试舞弊、厌学、逃学，严重的会出现自伤和伤人的现象。心理因素在防治疾病、保障健康中的作用也日益突出。加强心理危机的干预，重视心理保健已成为当今世界的大趋势，越来越多的人已经认识到要健康长寿，需要修身养性，始终保持轻松愉快的良好心理状态。

有研究结果表明，学生的身体健康危机状态，会在情绪、认知、心理行为和生理上有一定的表现和反应，这些反应相互作用、相互影响，一种反应的加剧，必将导致个体功能水平的全面下降。危机的具体表现与反应如下。

（1）情绪表现。学生心理危机中，一般表现为焦虑、恐惧、抑郁、愤怒、沮丧、紧张、绝望、烦躁、害怕等。

（2）认知表现。在强烈的情绪状态下，学生的认知反应会发生两极变化。有的学生会积极思维，调整认知，寻找积极的情绪，度过危机，达到自我成长；而有的学生会专注于负性情绪（钻牛角尖），出现认知偏颇、管状思维，甚至造成认知功能障碍，陷入危机。

（3）心理行为表现。危机中的心理行为反应是学生为排解和减轻痛苦感而采取的一种防御机制，大致可分为三类：一类是积极的反应，包括坚持、升华等，这些反应有助于恢复个体心理平衡，准确地评定事件的性质，作出合理的判断与决定，尽快走出危机；第二类是消极的反应，包括否认、攻击、逃跑、放纵、退缩等，这些反应虽然有助于暂时缓解内心的冲突和紧张，但不利于问题的解决，妨碍个体正确地应对危机，甚至会给身心健康埋下隐患；第三类是中性的反应，包括转移、反向、压抑、倒退、合理化、投射等。产生何种类型的心理行为反应与个体的个性特征、适应能力和以往生活经历等相关。

（4）生理表现。危机中的生理反应通常涉及全身各个系统和器官。

4. 健康危机干预（crisis intervention）

即指化解并告知如何应用较好的方法处理未来的应激事件。简言之，危机干预就是随时对经历个人危机、处于困境或遭受挫折、将要发生危险的人提供支持和帮助，使之恢复心理平衡，达到危机前行为水平的短期治疗过程。危机的发生是有征兆的，而且是可以识别和预测的。事实上，每一个危机只要处置得当是可以避免的，也都能促使青少年的人格成长。具体可采取以下措施。

（1）帮助青少年对自己的行动目的有正确的认识，能主动支配自己的行为，以达到预期的目标；善于明辨是非，克服困难，排除干扰，坚持不懈地奋斗；自觉抵制诱惑，保持对自我行为的控制能力。

（2）具有良好意志品质的人可以增强克服消极情感的控制力，保持心理健康，使自己乐观、勇敢、有效地面对困难与危机，摒除失望、忧郁与退缩，做身心健康的人。

（3）通过课外活动的实施，打破课堂教学在时间、空间、形式上的局限性，增强危机预防教育的实践性和趣味性。各种课外活动的开展，为学生走向社会、接触自然提供了更为广阔的天地，有利于培养和发挥学生个体的自主性、能动性和创造性，有利于个体潜能的发挥，便于学生进行独立探索、自我发现和自我教育，使学生在与社会环境的交互作用中得到发展。

二、抵御青少年主要健康危机的方法

1. 如何利用户外健身器械促进青少年生长发育

青少年时期是生长发育的重要时期，在这一时期进行户外健身器械的锻炼有利于骨骼生长和增厚，日光照射有利于加快血液循环，加速新陈代谢，增多生长激素的分泌，使骨骼、肌肉获得更多的营养，从而促进身体的生长发育。具体可采取下列方法。

摸高器：单臂上举，屈膝向上跳起10次×5组，5～10分钟。

天梯：双手抓握器械横梁悬垂移动练习，3～5趟。

投篮器：将球投入篮筐，10分钟。

组合训练器：根据自身需要选择单杠、肋木、吊杠、软梯、链梯，10分钟。

【相关链接】青少年时期人体生长发育规律

身体形态生长发育规律：从胎儿发育到成人的整个生长发育过程中，存在着两个激烈增长阶段，也称生长发育增长阶段。第一次是胎儿期和出生后的头一年，第二次是青春期。我国青少年从十岁左右开始进入青春期发育到十七八岁为止，这恰好处于小学高年级和整个中学阶段。这一阶段身高变化最为明显，由于长势快，这时身高差不多每年增长6～8厘米，甚至以10厘米的速度突增。青春的使者总是先把“信息”传递给女孩子，使她们大约早两年即12～13岁便进入猛长时期，小学五年级时同龄的女孩子比一般男孩子高。进入初中以后，男生的青春步伐开始加快急起直追，个头又超过女生。16岁以后女生长势开始缓慢下来，而男生却要一直猛长到17～18岁。随着身高的增长，体重也相应递增。女生10～13岁每年平均增加2～3公斤，13岁以后每年增长4～5公斤，16～17岁以后才开始缓慢下来；男生稍晚于女生，12～13岁开始增重，14～19岁期间，每年平均增加3～4公斤，发育快的甚至每年增加5公斤以上。

身体机能生长发育规律：心血管系统的生长发育与身高、体重的生长发育同时进行。在发育过程中心脏的发育速度较慢，并落后于血管。青少年的心脏与成人相比，心肌纤维短而细，肌纤维之间的间质较少，心脏的重量、容积均比成人小。血管的长度短，动脉和毛细血管口径大，而静脉的口径则相对比较小，血管圆周的增加落后于心脏容积的增加；儿童少年的胸廓狭小，气道较狭窄，呼吸时的弹性阻力和气道阻力都大，而呼吸肌力量又弱，所以每次呼吸的深度不及成人，肺活量较小。但儿童少年代谢旺盛，对氧的需要相对较多，因而呼吸频率较快。随着年龄的增长，呼吸深度增大，频率逐渐减慢而肺活量增大。

身体素质生长发育规律：青少年的身体素质增长的速度有快有慢，不是直线的、等比的增长，而是波浪式的、非等比的增长。在12岁以前，男女之间各项身体素质的差别不大，13～17岁之间身体素质的性别差异迅速加大，女子约为男子逐年增长平均值的50%。青春期是身体发育的加速期，身体素质发育的速度快、幅度大。性成熟期结束时，身体素质增长的速度开始减慢。

2. “豆芽菜”体型怎样变得强壮

“豆芽菜”是指青少年在生长发育期，身体高度增长与围度增加出现比例失调，从而出现身体肌肉松弛的瘦高个现象。在进行锻炼时一定要用科学的方法，主要是加强针对背、胸、肩、臀部的锻炼，使这些部位肌肉发达匀称，从而改变这种体型。

单杠： 引体向上4～8次×2组。

蹬力器： 做腿屈伸10～15次×3组。

臂力训练器： 双人在转轮两侧相互较力20秒×3组。

仰卧起坐平台： 仰卧起坐15～30次×3组。

双杠： 双杠臂屈身8～10次×3组。

划船器： 坐在坐垫上，双腿略弯曲蹬住脚蹬，身体前倾，双手握住桨把。在人体的腰、腹、背肌群的共同作用力下，使人体上身向后仰，同时双手用力，将桨把尽力拉向自己的身体；之后转换为将桨把向前推，同时人体前倾，恢复到起始状态。2～3组，20～40次/组。

3. “小胖墩”体型怎样变瘦

“小胖墩”体型除先天遗传因素外，主要是因为后天平时不注意身体锻炼，加上营养过剩造成的。通过合理的户外健身器械运动可以加快“小胖墩”变瘦的速度，每次有效的运动时间为40～60分钟。

蹬腿器： 屈伸两腿蹬圆管20次×4组，约10分钟。

组合训练器： 做单杠、肋木、链梯、吊环、软梯多项训练，约10分钟。

天梯： 以手代步，双手交替前行2个来回，约5分钟。

梅花桩： 桩上连续走5个来回×5组，约10分钟。

4. 如何使自己长得更高

身高由很多因素所制约，除遗传因素外，后天的合理运动也非常重要。青少年可以通过户外健身器械加强机体新陈代谢过程，加速血液循环，促进生长激素分泌，加快骨组织生长。

单杠悬垂：两手握杠，间距稍大于肩宽，两脚并拢，高度以身体悬垂在杠上，脚趾刚能离开地面为宜。随即身体前后摆动，身体尽量松弛下垂，幅度不要过大，一次保持20秒钟，男同学应做10～15次，女同学应做2～6次。

跳起摸高：双脚原地跳起时用双手去摸摸高器的高度标志，双脚跳跃，做30次，可以做2～3组。助跑单脚起跳去触摸摸高器的高度标志，每侧做20次，可以做2～3组，然后换另一侧，方法同前。

跑跳横梁：双脚“之”字形跳跃，跳跃10次，可以做3组。

手攀天梯：在身体悬垂的情况下，以一手抓紧横杠，另一手迅速放开并向前抓下一个横杠，待身体平衡后，换另一手向前抓杠，如此双手交替，以手代步前行。3～8次。

5. 如何增强体质，提高抵御疾病的能力

有氧运动是提高体质的有效方法，通过使用室外跑步机、太空漫步机能够有效地提高腿部肌肉力量，同时对心血管系统有良好的强度刺激，能够增强体质，提高抵御疾病的能力。

室外跑步机或太空漫步机：慢跑5分钟，做4组，组间休息2分钟。

仰卧起坐平台：做仰卧起坐30～60次，做2～3组，组间休息2分钟。

组合训练器：通过单杠引体向上+肋木压腿+链梯攀爬+吊环支撑综合发展体质。

6. 青春期高血压的预防与恢复练习方法有哪些

青春期高血压部分发生原因是与青春期神经内分泌剧烈变化，心脏发育加快，血管跟不上心脏的发育有关。适当锻炼身体，多做一些有益于心脏健康的锻炼，具体如下。

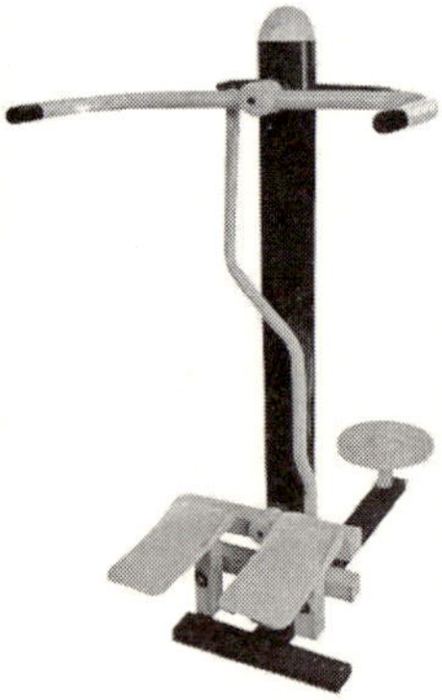

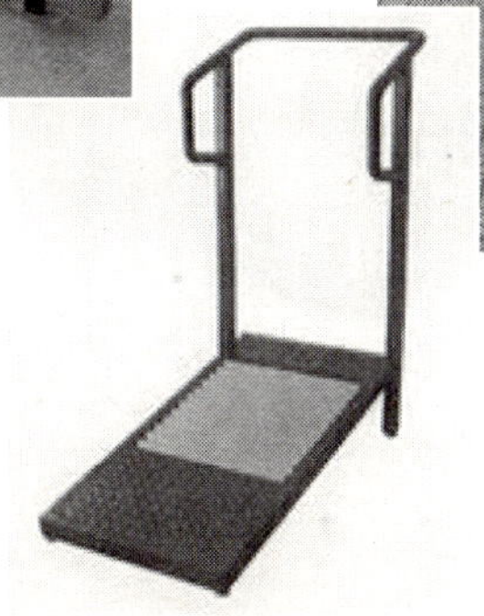

太空漫步机：10分钟。

室外跑步机：10分钟走跑结合。

扭腰踏步器：练习者两手紧握手柄，两脚踏于踏板上，抬头挺胸，目视前方，两脚做上下踏步运动，两臂随把手上下运动带动髋关节、肩关节及颈椎一起运动。扭腰踏步器锻炼8～10分钟。

太极柔推器：练习者双腿呈微蹲马步，双手虎口部握压转轮手柄，上体以髋关节为轴随双手不同运动方向做自然的转动。太极柔推器锻炼5～6分钟。

平衡木上行走：练习者站在平衡木上，两臂侧平举以维持身体平衡，行走过程保持重心平稳，两脚依次前移或侧移向前走、侧走或倒走，反复练习。

肋木架：压腿10分钟。

【相关链接】

近年来，随着青少年体质的下降尤其是随着青少年超重、肥胖人数的增加，原本在中老年身上才出现的，如高血压、高血脂、冠心病、糖尿病等与肥胖相关的“现代文明病”，在青少年中发病率也明显上升，其患病年龄提前了10～20年。北京大学儿童青少年卫生研究所所长季成叶教授指出：70%的肥胖儿童到成年后体重依然超标，肥胖极易导致成年疾病的发病时间提前，不少青少年已经出现Ⅰ型糖尿病、高血脂症、高血压等成年疾病。肥胖还会诱发体内激素分泌异常，导致生理期提前。研究结果显示，女性月经期均提前3个月，成年后患乳腺癌的几率则上升1%。除此之外，体质的下降还会阻碍青少年心理的健康发展，具体表现在心理素质差、缺乏毅力、缺少顽强拼搏和吃苦耐劳的精神，敏感、内向甚至自闭。由于一些青少年心理承受能力差而走极端的例子并不在少数。在这样的身心状态下，学生无法全身心地投入到学习和学校生活中去，学习效率低下，缺少意气风发和阳光般的气质。

7. 如何利用户外健身器材防治和矫正近视眼

正常人的眼球20～24岁才发育成熟。中小学学龄期若用眼不当，视力极易受损。青少年近视中，大多是后天不良的用眼卫生习惯造成的。如近距离阅读时间过长、阅读照明不当、距离过近、阅读姿势不正确、长时间看电视（电脑）或游戏机、户外体育活动过少等。加强户外身体锻炼，增强身体素质，可以预防近视眼的发生或起到矫正近视眼的作用。

投篮器： 单手或双手将球投入篮筐，10分钟左右。

组合训练器： 选择单杠、肋木、链梯、吊杠、软梯中的2种或3种适合自己的器械进行练习，10分钟左右。

8. 如何使自己的体型更健美

体型健美是每一个青少年所追求的。进行户外健身器械运动是一个行之有效的方法。可采取以下一些措施。

坐姿下拉训练器： 背靠器械坐下，双手握紧拉杆把手，缓慢用力下拉，然后缓慢还原。运动3～5组，每组5～10次。

坐姿前推训练器： 坐在坐椅上，背部靠实，挺直，双手握紧把手，用力向前推起后慢慢还原，反复进行。运动3～5组，每组5～10次。

仰卧起坐平台： 腹肌练习，3组，8～15次／组；背肌练习，3组，8～15次／组；腰部肌肉练习，3组，8～15次／组。

9. 怎样才能跳得高、跑得快、投得远、反应灵活

跳得高、跑得快、投得远和反应灵活需要较好的身体素质，跳得高、跑得快与下肢力量及柔韧性紧密相关，而投得远与上肢

力量的大小是分不开的，身体灵活是身体协调性的体现。达到上述目的可采取以下方法。

引体向上训练器：单杠引体向上——锻炼者双手抓杠，握距略比肩宽，可正握（手心向外），也可以反握（手心向内），身体自然悬垂。两臂用力屈肘带动身体上引，一直到头部下缘过单杠的水平面，然后慢慢还原至手臂伸直。3组，每组5~12个。

摸高器：原地纵跳——双腿屈膝，两臂后引，双脚向上蹬离地面，单手触摸高度标志。练习15～20次。

腿部训练器：坐在器械座椅上，背部靠实，挺胸抬头，脚蹬住横杠，身体后移。3组，每组5～10次。

10. 利用健身器材对考前焦虑进行调节的方法有哪些

青少年学生由于经常要面对各式各样的考试，可以说考试是学生生活的重要组成部分。考前焦虑的主要表现为担心考不好而心跳加快、呼吸短促、手心冰凉而潮湿、肌肉紧张僵硬、胃部不舒服、头脑不清晰，甚至平时所学都想不起来了等。具体调节方法如下。

腹肌架：身体仰卧在器械上，双臂交叉抱在体前，双脚勾住脚部横梁，接着上体抬起，利用腹肌力量坐起成90°，反复练习，20次×2组，10～15分钟。

梅花桩：按字母顺序行走，后退走3次，向前跳3次，10～15分钟。

仰卧起坐平台：俯卧于器械上，双手交叉放在头后，抬上体进行背肌练习20次×3组，10～15分钟。

旋转器：手握把手，向左右反复做旋转运动，左、右运动为1次，20次，10～15分钟。

平衡木：双臂伸展，自然行走，然后倒走返回为1次，5次。

【相关链接】

青少年时期的心理特点：青少年时期是学生个性发育的一个转折阶段，他们正在告别童年，开始一个崭新的成长和变化时期。身体正急剧发育、心灵在不断丰富、情绪在激烈波动是青少年的特点。他们正在竭力摆脱童年时期的幼稚状态，向成人过渡，希望老师和家长把他们当大人看待。但是，他们还不具备成年人的心智水平，因此，心理上处于一种非常不稳定、不平衡的状态中，常常出现心理矛盾和心理冲突，被心理学家称为“心理断乳期”“风暴期”“动荡期”，实质就是心理问题的高发期。主要心理特点有以下几点。

第一，智力发展显著。青少年由于大脑机能的不断增强，生活空间的不断扩大，社会实践活动的不断增多，其认知能力获得长足发展。其思维的独立性、批判性、创造性有显著提高，青少年逐步开始用批判的眼光来看待周围事物，有独到见解，喜欢质疑和争辩。

第二，自我意识增强。自我意识是认识的一种特殊形式，是个体对自我的认识，或者说是对自我及周围人的关系的认识。个体进入青少年时期，随着对外界认识的不断提高、生活经验的不断积累，开始对自己的内心世界和个性品质方面进行关注和评价，并且凭借这些来支配和调节自己的言行。但在相当长的一段时间内，他们的自我意识还不稳定，有时对自己评价过高，但耐挫性不高，遇到问题，又会走入另一极端，怯懦自卑、灰心丧气，甚至自暴自弃，但对于周围人给予的评价非常敏感和关注。如何建立起对自己的正确认识，变得自信而强大，是青少年时期常遇到的心理问题。

第三，性意识的觉醒和发展。青少年时期第二性征的出现，意味着性机能的逐渐成熟，这一变化反映在心理上会引起性意识的觉醒。性意识的觉醒，是青少年开始意识到两性的差别和两性的关系，同时也带来一些特殊的心理体验，如有的青少年对自己的性特征变化感到害羞和不安，对异性的变化表示好奇和关注等。

第四，闭锁性与强烈交往的需要。青少年自尊心强，思想情感不轻易向他人吐露，如果长辈不能正确对待，他们极易造成心理上的闭锁性，这种闭锁性导致他们与父母、师长及交往熟悉的人之间产生距离，由于缺乏倾诉，产生一种孤独感，但内心又渴望交往。

第五，独立性与依赖性的矛盾。一方面青少年强烈要求自作主张，竭力摆脱家长的管束，在思想言行各方面都表现出极大的独立性，表现心理的“断乳”；然而另一方面，他们对父母、成人及长辈又存在较多的依赖性，因为青少年阅历还不够丰富，面对陌生或复杂环境时，往往缺乏信心，难做决断。同时，在经济上大多还靠父母，对家庭的依赖作为一种惯性影响依然存在，青少年要摆脱这种影响并非易事。

11. 如何利用户外健身器械防治青少年驼背

青少年驼背绝大多数都是后天长期的不良姿势与脊柱周围的肌肉力量不足所造成的。最佳的矫正方法是加强腰背部肌肉的锻炼，使肌纤维增粗、肌肉体积增大，以逐步增强背部肌肉的抗压、抗挤、抗疲劳和持久负重等能力，以维护脊柱的平衡稳定。具体练习方法如下。

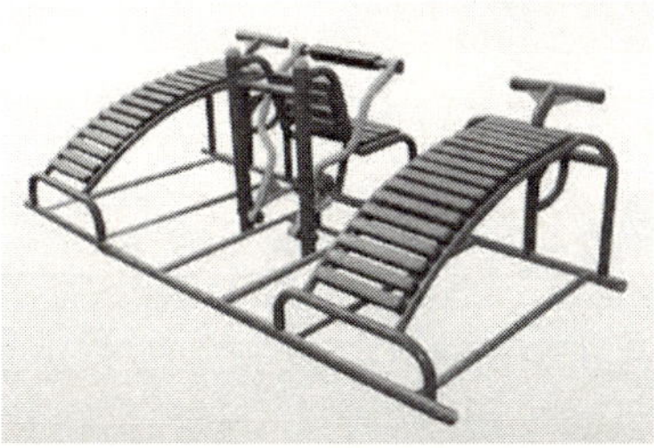

自重式划船器：双臂缓慢做划船式伸缩运动20次×2组，10～15分钟。

背腹肌组合器：在腹肌板上做卷腹20次、背肌板上向后推动按摩套20次，10～15分钟。

双仰卧板肋木架：做悬垂收腹直腿举腿、悬垂屈腿双膝触胸、卷腹各20次，10～15分钟。

伸腰伸背器：腰背部后靠在弯曲板上向后做伸展运动30次×3组，10～15分钟。

双联伸展器：向后拉伸腰部肌肉20次×2组，10～15分钟；仰卧板上做卷腹10次×3组，10～15分钟。

双位伸腰训练器：腰背部后靠在弯曲板上向后做伸展运动20次×2组，10～15分钟。

骑马机：双臂做伸缩运动20次×5组，10～15分钟。

下腰训练器：做伸腿、挺腰运动20次×3组，10～15分钟。

12. 如何增大青少年男生的肩宽

人的肩膀宽窄与肩部的骨架宽窄有一定的关系，健身路径中有很多器械适合发展肩部的肌肉，如天梯、单杠、双杠、臂力练习器、举重架、悬空转轮等。练习者可以根据自己的性别、年龄及身体条件有选择地进行锻炼。

上肢牵引器： 两手分别抓握牵引器上的两个手柄，同时用力，垂直上下交替拉动，锻炼4～5分钟。

引体向上： 练习者跳起，双手与肩同宽，两臂同时用力引体，曲臂将单杠引至胸前，上拉至下颌超过横杠上缘，练习5～6次，做3组。

举重架： 两脚分开与肩同宽，抬头挺胸两眼目视前方，两手分别抓握举重架两端，向上挺举，练习6～8次，做3组。

上体低位俯卧撑： 练习者双手握住扶手，两手与肩同宽、身体挺直、曲臂，使身体下降至肩与肘部同一水平面上，撑起恢复到起始姿势重复练习，练习10～12次，做3组。

臂力练习器：练习者站在转轮一侧，面对转轮，两腿左右分开，双手握住转轮两侧边缘，用力向一侧转轮转动，练习10～12次，做3组。

13. 如何使青少年女生胸部更加健美

女子的两侧胸部形态是由轮廓、胸肌和乳房组成。任何一个部位发育有缺陷，均可影响胸部形态。青少年时期坚持体育锻炼，保持良好的形态姿势，能使胸廓得到正常的生长和发育，我们通过选择有效的路径器械进行锻炼，来塑造健美的胸部形态。

骑马机：练习者坐在座椅上，双手紧握手柄，两眼平视前方，两脚踏牢踏板，克服自身重量向下蹬踏，手向后拉，头向上顶，身体向后仰，挺胸展髋，使身体纵向充分拉伸，锻炼3～5分钟。

上肢牵引器：两手分别抓握牵引器上的两个手柄，同时用力，垂直上下交替拉动，锻炼3～5分钟。

上体低位俯卧撑：练习者双手握住扶手，两手与肩同宽，身体挺直曲臂，使身体下降至肩与肘部同一水平面上，撑起回复到起始姿势，重复练习，锻炼8～10个，做3组。

引体向上：练习者跳起，双手与肩同宽，两臂同时用力引体，曲臂将单杠引至胸前，上拉至下颌超过横杠上缘，练习4～5次，做3组。

屈臂悬垂：练习者站在单杠下方，两手分开与肩同宽，反手或正手紧握横杠，两臂同时用力引体，曲臂将单杠引至胸前，然后做静止悬垂姿势，保持20～30秒钟，做3组。

悬空转轮悬垂：靠自身重量将身体垂直悬挂在转轮下，使肘、肩、胯、膝充分拉成一条直线，悬空转轮悬垂训练1分钟左右。

14. 小腿健美锻炼方法有哪些

小腿的形态不仅关系到下肢的美，而且对于维持人体的良好形态与有效负重都具有重要的意义。我们可以通过选择有效的路径器械进行锻炼，使小腿轮廓清晰健美，并且富有弹性和活力。

健骑机：练习者坐在座椅上，双手紧握手柄，两眼平视前方，两脚踏牢踏板，克服自身重量向下蹬踏，手向后拉、头向上顶，身体向后仰，挺胸、展髋，使身体纵向充分拉伸，锻炼3～4分钟。

连环跳：从练习器的一侧跳到另一侧，跳跃时双臂自然弯曲于体侧。由前脚掌落地过渡到全脚掌着地，稍微屈膝缓冲。连续跳跃。连环跳2～3个来回，做2～3组。

双人坐蹬力训练器：双脚蹬在前方踏板上，快速用力蹬直双膝。复位时膝关节退让用力，缓慢还原。蹬伸过程保持上体稳定。练习10～15次，做2～3组。

摸高器：内侧手尽量上举，测量指尖高度。练习者站立在摸高器20厘米以外，两臂自然下垂体侧。伸膝起跳，指尖触摸高度尺。之间的距离就是你纵跳的高度。练习10～12次，做2～3组。

四肢康复机：两位练习者相对而坐，双手握把，脚踩踏板，两人同时用力向前蹬。一人蹬伸时，另一练习者给对方施以一定阻力。蹬伸过程保持上体正直。练习15～20次，做2～3组。

15. 如何防治与矫正青少年扁平足

人类的脚很像一个拱桥，有纵弓和横弓。足弓靠韧带、肌肉来巩固和维持，这种巧妙的结构使它能够在人体的最底层承担着全身的重量，像弹簧一样缓冲震荡和进行有力的蹬离地面运动。目前医学上对扁平足除了矫形治疗外，没有药物治疗。适宜的体育锻炼是预防和矫治扁平足积极有效的方法。通过加强足部肌肉和韧带的力量练习，提高足部肌肉和韧带弹性，消耗足部多余脂肪，提高足部负重能力，塑造健美有力的足部曲线。为此，可采取户外健身器械练习方法防治和矫正扁平足。

8字桩：练习者站在桩上一端，两臂侧平举维持身体平衡，沿着高低桩单线组成的8字曲线循环行走。8字桩锻炼2～3个来回。

平衡木提踵走：练习者站在平衡木上，提踵、前脚掌着木，两臂侧平举以维持身体平衡，由平衡木的一端提踵走到另一端。平衡木提踵走3～5个来回，做2～3组。

摸高器：内侧手尽量上举，测量指尖高度，练习者站立在摸高器20厘米以外，两臂自然下垂体侧，伸膝起跳。指尖触摸高度尺，之间的距离就是你纵跳的高度。锻炼10～15次，做2～3组。

16. 怎样防止眩晕症（方案一）

眩晕症患者多受先天遗传因素影响，但后天锻炼是增强其适应能力的主要手段。

攀岩器：练习者手扶架圈，脚踏半圆撑梯，抬头屈膝，从弓形梯一端攀越到另一端。训练3～5分钟。

铁索桥：练习者手抓前方吊索，抬头目视前方，双脚依次踩蹬脚蹬，从桥的一端走到另一端。练习2个来回，做2～3组。

秋千：练习者手扶秋千吊环链，坐在座架上，用力蹬离地面，使秋千前后摆动。锻炼3～5分钟。

8字桩：练习者站在桩上一端，两臂侧平举维持身体平衡，沿着高低桩单线组成的8字曲线循环行走。锻炼2～3个来回。

平衡木上行走：练习者站在平衡木上，两臂侧平举以维持身体平衡，行走过程保持重心平稳，两脚依次前移或侧移向前走、侧走或倒走，反复练习。锻炼2～3个来回。

17. 怎样防止眩晕症（方案二）

健骑机：练习者坐在座椅上，双手紧握手柄，两眼平视前方，两脚踏牢踏板，克服自身重量向下蹬踏，手向后拉、头向上顶、身体向后仰，挺胸、展髋，使身体纵向充分拉伸。锻炼8～10分钟。

平衡木提踵走： 练习者站在平衡训练器上，提踵、前脚掌踩着器械，两臂侧平举以维持身体平衡，由训练器的一端提踵走到另一端。提踵走2～3个来回，做两组。

翘翘板： 两人分别坐在翘翘板的两端，手握圆环，一练习者双脚用力蹬离地面，再用自身力量缓慢降下。锻炼3～5分钟。

转腰器： 练习者双手握住转腰器上的手柄，站到转腰器上的转盘上，抬头目视前方，腰部发力带动下肢旋转。锻炼3～5分钟。

18. 如何使身体变得更强壮，精力更充沛

强壮的身体、旺盛的精力与青少年的学习效率和生活质量密切相关，是适应外界社会环境的前提和基础。采取以下方法可达到上述目的。

单杠： 单杠翻身上——从直臂悬垂开始，然后屈肘引体，同时收腹举腿，接着两腿向后上方用力伸，上杠支撑。练习5～10个。静止悬垂——双手正（反）握住单杠，直臂悬垂。锻炼强度为20～50秒。

组合训练器： 肋木，靠倒立，30～90秒/次；链梯，手脚并用攀爬，练习3～5次；吊环，悬垂引体练习5～12次；吊杆，抓握摆动，3～5次；上攀软梯，手脚并用攀爬，练习3～5次。

划船器： 划船模仿练习，做2～3组，20～40次/组。

［安全提示］划船练习的运动量较大，锻炼者应根据自己的体能情况合理掌握运动量。

锻炼效益篇

一、对骨的锻炼效益

有机体的生长主要指细胞的繁殖和细胞间质的增加所造成的形体上的变化；发育则包括了有机体各器官系统在形态结构和机能上的变化。骨骼的生长决定了身高。通过体育锻炼促进中小学生骨骼健康地生长与发育，这是非常重要的。因为青少年的骨骼关节在这一时期疯长，随着年龄的增长，骨的成分也逐渐发生变化。如果此时通过跑步、跳跃等体育锻炼使骨骼的总量和骨质水平达到一定程度，这样会大大减少成年后的骨质疏松症和骨关节病发生，同时降低各种意外造成的骨折、骨关节挫伤等发生几率。身高的增长，主要是由于四肢长骨不断地加长。

在四肢长骨的骨与骨骺(长骨两端膨大部分)之间，儿童少年时期有骺软骨，这层软骨不断变成硬骨，又不断生成新的软骨，这样，骨头就不断加长。这个生长在儿童少年时期十分旺盛，一般要到20～25岁骺软骨才完全骨化成一条骺线，那时骨就不再加长。在骨头生长旺盛时期，合理的体育锻炼能促进血液循环，增加对骨的血液供应，使正处于旺盛造骨时期的骨组织获得更多原料，从而加速造骨过程；在参加各种体育活动过程中，使骨骼受到各种刺激，对骨骼的生长十分有益。经调查研究证明，经常参加体育锻炼的10～14岁学生要比同龄的不经常锻炼的学生身高高出4～8厘米。体育锻炼除有助于骨骼生长以外，还有助于使骨变得更加坚硬，对人体起到更好的支撑和保护作用。一般地说，骨的抗压能力比花岗石大25倍，比砖头大30倍，一个体重70～80公斤的人站立时胫骨(小腿骨)可经受1.5吨～3吨的重压而不致折裂。

在进行体育锻炼时，由于肌肉的牵拉和重力作用，使肌肉附着在骨上的骨突起部位增大。运动对骨的机械性刺激增加，使骨的细胞代谢更加旺盛，加上运动使血液循环加速，更快更多地供给养料，于是使骨骼增粗，骨外层的密质增厚，骨松质的分布与肌肉的拉力和人体重力的作用相适应，骨小梁的排列更加合理。久而久之，骨的坚固、抗折断、抗扭曲性能随之得到提高。在户外进行体育锻炼，机体受到阳光的照射，有助于体内维生素D的生成和对钙磷的吸收，使骨变得更加坚硬，能承受更大的压力。

骨与骨之间的连结称关节，它由关节面软骨、关节囊、关节腔组成。关节周围由肌肉和韧带包围着，韧带起加固关节作用。关节可以做各种各样的转动，因而人体才可以实现各种运动。青少年时期关节虽然活动范围大、灵活性较好，但关节囊、韧带薄而松弛，坚固性较差，常会出现脱臼或扭伤。经常参加体育锻炼，可以使关节囊、韧带增厚，关节的牢固性和所承受的压力加强。由于运动时关节大幅度的长时间运转，它的灵活性和活动范围也会逐渐得到提高。这对人们在生活、工作和学习中的正常活动是十分重要的。

二、对肌肉的锻炼效益

体育锻炼对青少年肌肉的生长也大有好处，从外观上可以看出经常参加体育锻炼的人肌肉粗壮，力量较大。这由于在体育锻炼时，使肌肉毛细血管大量开放，其开放数量可达安静时的20～50倍(平时每平方毫米肌肉中约有4000根毛细血管，只开放其中的30～270根)，使肌肉获得比平时多得多的氧气和养料，于是肌纤维增粗、肌肉的横截面积加大，肌肉的重量可由一般人占体重的35%～40%，增加到占体重的50%左右，身体显得丰满而结实。经常参加体育锻炼的人，肌肉抗疲劳和耐受酸痛的能力要比不锻炼的人强。

肌肉是受神经支配的，一根运动神经连同它所支配的肌纤维称为一个运动单位。肌肉收缩力量的大小和参与收缩的运动单位的数量有关。一般的人在运动时每块肌肉只有60%～70%的运动单位参加工作，而运动员可达到80%～90%。体育锻炼可以提高神经系统对肌肉的控制能力，使肌肉对神经刺激产生反应的速度和准确性以及各肌群间相互协调配合的能力大大改善，以致能发挥出最大的运动效果，并使动作更加能量“节省化”。在8～15岁时人体肌肉重量占总体重的27.2%～32.6%，而人到17岁时的肌肉重量占体重的40%，已与成年人（42%）相差无几。肌体壮则代谢旺，而肌体弱则导致代谢停滞，停滞又会引发一连串疾病的发生。所以，青少年应多多地锻炼一下肌肉，比如徒手力量或负重力量的练习。

三、对心血管系统的锻炼效益

人的一切生命活动都离不开心脏。心脏不断地有规律性地收缩，通过血液循环，将人体所需要的氧和各种营养物质输送到全身各组织器官，又将人体在新陈代谢过程中产生的二氧化碳和废物运送到肺、肾、皮肤等处排出体外。心脏为人们辛勤地工作着，连睡眠时也在工作着，它的负担是很重的。例如一个人的寿命是七十岁的话，心脏每分钟跳动平均60～80次，每跳动一次排出血液50～70毫升，那么他一生中，心脏共跳动27亿多次，共排出200万升血液。心脏每分钟排出4.5～5升血液，一昼夜约排出70吨，一年排出2600吨血液。心脏同血管相连，血管有动脉、毛细血管和静脉三大类，在血液循环过程中各自发挥着不同的作用。

有人计算过，把全身各类血管加起来，足有10万公里长。血液在血管里的流速很快，心脏以每秒数米的速度喷出血液，血液循环一周，安静时需20～25秒钟，剧烈运动时只需6～8秒钟。按60年计算，血液流经的距离约有1.5亿公里，等于绕地球375周。成人的心脏比自己的拳头稍大一点，重量约等于体重的1/200，一般人约300克。可见，心脏只有很健康才能胜任。欲使心脏健康，应当从儿童少年做起。在幼儿期的头五年心肌增长较快，进入儿童期后心脏的容积才急剧增长，弹力纤维逐渐扩散到心肌层。到青春发育期心脏的发育进入第二次高峰，其重量可达出生时的10倍，青春发育期后期可达出生时的12～14倍。女孩在11岁，男孩在14岁心脏体积增长最显著，此时正确的体育锻炼，能使青少年的心脏获得良好的发展。

体育锻炼对心血管系统良好的影响表现如下。

第一，心脏发生“健康性肥大”变化。体育锻炼时，由于全身的血液循环加快，心脏和全身的供血状况也得到改善。心肌细胞内的蛋白质和肌糖元增多，心肌纤维增粗，心壁增厚，毛细血管数量增多。运动时心脏收缩力量加强，每次收缩几乎将室内的血液全部排空。而静脉血回流量增加，又使心肌纤维被拉长，心脏血容量增大。于是经常参加体育锻炼的人心脏体积比一般人大，且重量增加。正常人心脏一般重250～300克，而长跑运动员的心脏重量约500克，心的容积也比一般人大1/3。

第二，心脏每搏输出量增加。心脏每搏动一次射出的血量称每搏输出量。每分钟心脏输出血量的多少取决于心率和每搏输出量，但每个人运动时最高心率是有限的，所以增加每搏输出量是一个很重要的因素。经常进行体育锻炼可增加每搏输出量：一般人每搏输出量为50～70毫升，剧烈运动时可达110毫升左右；经常锻炼的人安静时每搏量为90～100毫升，运动时可达180毫升左右。

第三，安静时心率徐缓。人体心脏每分钟搏动次数称为心率。正常人安静时为60～80次/分，经常参加体育锻炼的人心率比不锻炼者少。据对260名参加奥运会运动员的心率进行测定，发现他们的平均心率为50次/分，其中最低者为30次/分。这是因为参加体育锻炼使其心脏机能水平提高，心肌纤维变粗，收缩更加有力，每次收缩所射出的血量增多，因而在心率减少的情况下也能满足人体所需要的血量。心率徐缓，搏动有力，使心脏在每次收缩后有较长时间的休息，不易产生疲劳，心房舒张期延长又可以充盈更多的回心血量，又为心室下次射血做好了血量和机能上的准备，这是心脏机能节省化的表现。例如如果安静时心脏每分钟输出4.5升血量就可以满足人体全身代谢需要的话，一般人心脏每搏输出量约60毫升，则需每分钟搏动75次/分；而运动员每搏输出量约90毫升，所以每分钟只需要搏动50次就够了。而在激烈体力活动当中，有锻炼基础的人，心率达到每分钟200次时，也不会感到不舒服，而没有锻炼基础的则往往承受不住。另外，经常参加体育锻炼的人的血管壁弹性较好，血管中障碍物质少，以及发达而丰满的肌肉起着“第二心脏功能的作用”等，表明心血管系统的机能提高了。

第四，心血管系统调节机能改善，主要表现为（1）动员快。运动开始时能迅速动员循环系统的功能，以很快适应运动时的需要。（2）潜力大。运动时能发挥最大机能能力，充分动员心力贮备。（3）恢复快。运动时机能变化很大，一旦运动停止就能很快地恢复到安静时的水平。

第五，体育锻炼对心血管系统的其他影响。锻炼可以使心脏的冠状动脉口径增大，弹性增加，对预防冠心病的发生起到积极作用。可以消耗体内大量的脂肪，不光能减肥，也减少了心脏的压力，降低了心脏病发病率。增加了动脉血管的弹性，可降低高血压的发病率。

四、对呼吸系统的锻炼效益

人的生命活动时刻离不开氧气，在完全缺氧的情况下，人的生命只能维持几分钟。从这点上看，氧气对于维持生命活动来说，比食物显得更重要。同时，体内在代谢过程中所产生的二氧化碳等废气，需及时排出体外，这都需要有较强呼吸系统的机能。经常参加体育锻炼，有助于改善和提高呼吸系统的机能。具体如下。

第一，呼吸肌的功能加强。人体脊柱、胸骨和肋骨等构成了胸廓，两叶肺就在胸廓内。呼吸肌主要有肋间肌、膈肌等。运动时由于呼吸作用加强，呼吸肌逐渐发达，变得强壮有力。人的胸围增大，加大了呼吸动作的幅度。吸气时在呼吸肌的作用下，肺随着胸腔的扩大而扩大，增加了吸入的气量。呼气时肌肉的收缩又可呼出更多的二氧化碳。呼吸肌功能的提高，使呼吸时不易疲劳，能长时间地进行工作。锻炼对呼吸肌的影响可以从呼吸差的变化中看出(尽力吸气与尽力呼气时胸围之差，称呼吸差)，一般人只有5～8厘米，而运动员可达9～16厘米。

第二，肺活量增加。人在做最大深吸气后将气全部呼完所呼出的气量为肺活量。一般成年人在2500～4000毫升，经常从事长跑锻炼的人可达4500～6500毫升以上。经常参加体育锻炼的青少年的肺活量也大于一般的少年。这主要因为儿童少年时期也是数亿肺细胞渐趋成熟及迅速发展时期，体育锻炼能使肺泡充分张开，这对肺泡的生长发育及弹性的维持均十分有益。

第三，安静时呼吸频率慢且呼吸深度加深。成人每分钟呼吸

14～16次，经常锻炼的人呼吸深而慢，每分钟为8～12次，这主要由于锻炼者的呼吸肌力大，每次呼吸后进入肺的气量多(一般人每次300～500毫升，常锻炼者可达600～1500毫升)在单位时间内只需较少的呼吸次数就可以满足氧气交换的需要，这样使呼吸肌获得较长时间的休息。

第四，负氧债能力提高。人在进行剧烈运动时需要消耗大量的氧，但是如果人体摄取的最大氧量不能满足人体运动时所需要的氧气时，有一部分能量供应只有通过无氧酵解来实现，这就形成氧债。氧债必须在运动后进行偿还，这也是运动后快速喘气的原因。一般人最大氧债不超过5～7升，运动员则可达20升。运动后肌肉的酸痛，就是在缺氧的情况下，糖酵解所产生的大量乳酸在体内堆积所造成的。必须在运动停止后靠氧进一步分解才能消除。不常锻炼者由于呼吸机能较差，负氧债的能力稍低，一运动就气喘不止，浑身肌肉酸痛。而锻炼有素的人不但能进行较长时间的运动，而且对酸性物质的耐受力较强，出现疲劳后消除也快。

五、对神经系统的锻炼效益

神经系统健康是人生的关键，它的完整性和优良性不仅是用脑和用手，周身的神经活动过程更不可缺少，而在青少年时期对此问题加以重视，更可以对防止老年痴呆症产生重要意义。多多地参与集体性活动，例如羽毛球等，既可以增强团队意识又可以有效地提高神经系统的协调性等。人的一切活动都是在神经系统调节和支配下进行的。反过来，各种身体锻炼活动也对神经系统产生相应良好的影响，使其机能得到改善和提高。具体表现如下。

第一，增强记忆和分析综合能力。记忆能力高低取决于大脑的结构与质量。脑组织对氧的供应十分敏感，它消耗人体总氧量的1/4。若想使记忆力旺盛，首先要保证大脑得到充足的氧。前边已经阐明了体育锻炼能使呼吸和心血管系统的功能得到提高，从而为大脑的发展提供了必要的能源和氧。人的记忆力和智力还同大脑中枢神经系统和周围神经系统之间的联络是否完备与繁多有关。经常参加体育锻炼，视、听觉等感觉敏锐，神经系统的分析综合能力提高，神经纤维的传导速度加快，灵活性增加，人脑的记忆储备信息也随之得到提高。

第二，消除大脑疲劳，提高学习工作效率。运动是一种积极性休息的方式，因为运动时，与运动有关的神经中枢兴奋，与文化学习有关的中枢进入抑制状态。这种抑制随着运动中枢兴奋的加强，抑制得更深，从而使与文化学习有关的神经中枢得到很好的休息，起到了保护作用。学习后进行体育锻炼又可以增加氧气和营养物质的供应，也有利于改善大脑的功能。

第三，提高神经系统的调节能力。这种能力的提高，能有效地增强人体适应能力和应变能力。如运动时肌肉需要大量的氧和能量的供应，在神经系统的调节下，呼吸系统、循环系统迅速地被动员起来，发挥最大的机能能力，以适应运动时的需要。当气温急剧变化时，通过神经系统的调节，人体能更快地适应外界环境的变化。参加体育锻炼，体内外环境变化多端，能有效地提高神经系统的调节能力，使机体与外界环境保持着良好的关系。

六、促进青少年身体素质和运动能力的发展

身体素质是人体在完成动作过程中所表现出的力量、速度、

耐力、灵敏与柔韧等机能能力。身体素质的水平是建立在身体形态结构、生理机能、健康水平的基础上的，也与先天遗传因素和后天的体育锻炼有着十分密切的关系。运动能力是指人体走、跑、跳、投、攀爬、滚、翻、钻、悬垂、支撑、推拉等活动能力。

身体素质和运动能力在青少年阶段，都处于快速增长阶段，是发展提高的黄金时期。因而在青少年阶段，积极参加多种多样的体育活动，对发展身体素质和运动能力是非常重要的，对于提高健康水平、增强体质也是非常重要的。美国一份调查报告认为，在形态、生活和运动能力方面，遗传因素的作用很大。他们指出，“将18岁的儿子身高和其父母的平均身高相比较，发现矮个子父母的儿子比高个子父母的儿子矮14.8厘米”。苏联学者研究子女与双亲身高的关系认为，父子这一指标的相关系数为0.45～0.46，而父女间这一指标的相关系数为0.200～0.382，表明根据父亲身高预测儿子身高更准确些。相反，根据母亲身高预测女儿身高则更准确些。

在运动方面有天才的父母所生的孩子，后来成为运动员者居多。有人就这个问题进行了大量的调查研究，排除家庭环境的影响，认为优秀运动员的孩子约有50%的可能表现出有运动才能，但这种才能不一定是他们双亲所从事的运动项目。当然，这种遗传可能像父亲的，也可能像母亲的。运动才能的遗传问题，还需进行深入的研究。人的相对肌力，受遗传影响较大(H=0.643)，而绝对肌力的发展主要取决于环境因素，而不是遗传因素。各种身体素质的发展，受遗传因素影响各有不同。受遗传因素影响较明显的有反应速度、一般耐力、速度力量、爆发力与弹跳力。国际研究一般认为，灵敏素质受遗传因素影响也较大。在运动能力方面，走和跑的生物力学结构，受遗传因素的影响也较大。最大吸氧量的发展，主要取决于遗传因素的影响（H=0.200～0.750）。有人认为，最大吸氧量受遗传影响的有93.6%，最大脉搏频率受遗传影响的有85.9%。无氧代谢能力比有氧代谢能力受遗传因素的影响则更大（H=0.70～0.99）。

【相关链接】运动技能的概念及形成的机理

根据巴甫洛夫条件反射理论，运动技能是指人体在运动中有效地完成专门动作的能力，它的发展和提高，有赖于对人体技能客观规律的深刻认识和自觉运用。其本质是在大脑皮质中建立复杂的、连锁的和本体感受性的运动条件反射。运动条件反射建立后，还必须在刺激的作用下，机体方能产生反应。运动技能初步形成后，动作可能表现为很吃力、紧张、不协调、不连贯，甚至还可能会有多余动作和较严重的错误出现。这是大脑皮质处于兴奋过程的扩散阶段，神经活动还处于泛化阶段的原因。因此，人体的本体感受器就在不断地将动作完成情况反馈的信息传入小脑。经小脑处理再将原有的正确信息和传入的反馈信息加以整合、比较，再及时发出校正信号，经过反复练习，最后形成运动技能。运动技能形成的过程，不只是实现动作的简单过程，而是通过人体各系统间相互调节密切配合，共同实现的。

七、提高青少年适应外界环境的能力

外界环境指自然环境和社会环境。自然环境包括地理环境、季节变化和气候变化；社会环境包括城市环境的影响，以及社会的其他因素对人的有机体的刺激等。苏联生理学家巴甫洛夫说："健康就是人体跟自然界的平衡。"这与我国中医"天人相应"的理论是一致的。人体适应外界环境能力的高低，是人体机能、健康状况的重要标志。

自然环境很复杂，瞬息变幻。参加体育锻炼接触自然条件较多，特别是空气、阳光和水，这些都有利于增强抵抗力，有助于加强血管、神经、肌肉等组织的适应能力，也有助于提高调节体温的神经中枢的工作能力，使机体产生较强的适应外界环境的能力。统计资料表明，经常参加体育锻炼的儿童比一般儿童上呼吸道感染等疾病的发病率明显降低。国外有资料报告，学校中的青少年运动员患感冒的人数仅为不参加体育运动的学生患感冒人数的18%。社会生活形形色色，包罗万象。人在社会生活中常有喜、怒、忧、思、悲、恐、惊"七情"变化。人际关系的复杂、意外事件的发生、社会责任的需要，都要求人有较好的适应能力。青少年参加体育活动，扩大了生活领域，促进了社会交往，增进了友谊，调节了感情，提高了适应社会环境的能力。

八、陶冶情操，培养良好的情感，促进心理健康

马克思曾经指出，一种美好的心情，比10副良药更能解除生理上的疲惫和痛楚。我国俗话说"笑一笑，十年少""笑口常开，青春常在"，都说明情绪、精神对人的健康的重要性。有资料报道，90%以上头痛病人得的是一种叫做"紧张性头痛"的病。可见，人的情绪和精神状态，对人健康的影响是非常大的。良好的情绪通常发生两种作用：第一，取代引起神经紧张的坏情

绪。第二，也可以产生与脑下垂体相似的作用，以保持内分泌作用的适度平衡。这种平衡产生愉快的心境，使人们心情舒畅、精神愉快，调节人的某些不健康情绪和心理，如意志的消沉和情绪的沮丧。美国一位心理学家德里斯考发现，跑步能成功地减轻大学生们在考试期间的忧虑情绪。有人还发现，有紧张烦躁情绪的人，只要散步15分钟后，紧张情绪就会松弛下来。青少年在体育活动中，有成功的喜悦，有进步的满足，还有胜利的欢愉。此外，环境的改变，精神束缚感的消除，大自然优美环境的刺激，可以使青少年产生心旷神怡的愉快心境。这对心理的健康乃至整个机体的健康，都是很重要的。

综上所述，经常参加体育锻炼，对青少年身体正常地生长发育、对各个器官系统的生理机能的提高、对各种身体素质和基本运动能力的发展以及对提高适应外界环境的能力和心理健康水平等方面，都具有积极的作用。青少年时期是身体急速发展变化时期，这一时期为身体生长、发育、发展奠定下良好的基础，就为一生的健康和幸福创造了十分有益的条件。

游戏与竞赛篇

一、游戏

（一）单人游戏：争先恐后

（1）**游戏目的：**发展个体力量、灵敏、协调、柔韧等身体素质，培养良好的身体形态与意志品质。

（2）**方法：**练习者2人分别站在器械前，听到开始口令后，按每个户外健身器械的要求完成所有规定动作，计算最后完成时间。具体器械及要求如下。

男生：单杠（引体向上3个，翻身上2个）→ 双杠（支撑前进2～3趟）→ 压腿器（正、侧压腿，各腿分别8次）→鞍马训练器（支撑跳跃，6个来回）→ 吊桩（行走，3趟）→ 天梯（悬垂两臂交替行进，2趟）→ 跑跳横梁（“之”字跳跃，3趟）。

女生：单杠（斜向屈臂引体5次）→ 仰卧起坐平台（背手俯卧背起10次，直臂仰卧起坐10个）→ 压腿器（正、侧压腿，各腿分别8次）→ 呼啦桥（桥上行走2次）→ 平衡木（正向快速行进，1趟）→ 投篮器（投篮，须投进筐5次）→ 滚筒（双腿各蹬踏20次）→ 跑跳横梁（双腿“之”字跳2次）。

（3）**器材：**单杠、双杠、仰卧起坐平台、平衡木、鞍马训练器、压腿器、投篮器、呼啦桥、天梯、吊桩、跑跳横梁、滚筒。

（4）**规则：**

①要求动作规范。

②以完成时间多少裁判优胜。

（5）**安全提示：**注意安全，游戏过程中不得互相嬉笑打闹。

（二）双人游戏：翻山越岭

（1）**游戏目的：**发展各项身体素质，在练习中学会相互关心与保护，培养协调配合的合作精神。

（2）**方法：**两人1组，在协调配合下按户外器械要求完成规定动作，计算最后各组完成时间。具体器械及要求如下。

男生：两人叠罗汉扶肋木蹲起（总计10个）→ 双人双杠同时做臂屈伸（总计10个）→ 双人拉手走平衡木（4次）→ 双人仰卧起坐平台帮助下腹肌练习（总计40个）→ 天梯一人悬垂过一人保护练习（每人2次）→ 双人太空漫步机（总计完成30次）→ 跑跳横梁（双人拉手双腿“之”字跳2次）。

女生：两人叠罗汉扶肋木蹲起（总计6个）→ 单杠同时做悬垂小摆动（总计10个）→ 双人拉手走平衡木（4次）→ 双人腹肌板依次腹肌练习（接力练习，总计40个）→ 天梯一人悬垂过一人保护练习（每人2次）→ 双人太空漫步机（总计完成20次）→ 投篮器（分别投篮5次）→ 跑跳横梁（双人拉手双腿“之”字跳2次）。

（3）**器材：**肋木、双杠、单杠、平衡木、腹肌板、仰卧起坐平台、天梯、太空漫步机、投篮器、跑跳横梁。

（4）**规则：**

①要求动作规范；必须在2人配合下完成。

②以完成时间多少裁判优胜。

（5）**安全提示：**注意安全，加强保护与帮助，游戏中不得嬉笑打闹。

（三）多人游戏

游戏1　多人接力

（1）**游戏目的：**发展体能，锻炼顽强的意志品质，培养团队合作的良好意识。

（2）**方法：**将练习者分成2组，每组8人，各组成员分别站在各个器械前，听到开始口令后，每组第1名成员先完成所在器械规定动作后跑到下一名成员处击掌，第2名成员开始完成所在器械规定动作，依次进行，直到最后1名成员完成规定动作结束，计算各组总计完成时间。具体器械及要求如下。

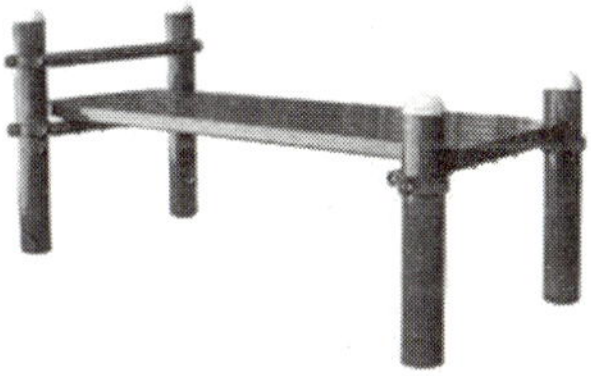

单杠（翻越器械1次）→ 鞍马训练器（跳过器械6次）→ 梅花桩（按字母顺序依次跑过器械1次）→ 仰卧起坐平台（仰卧起坐练习20次）→ 呼啦桥（穿过器械1次）→ 平衡木（行走1趟）→ 滚筒（双脚各蹬15次）→ 投篮器（投篮必须有5次进筐）。

（3）**器材：**单杠、鞍马训练器、梅花桩、呼啦桥、投篮器、仰卧起坐平台、平衡木、滚筒。

（4）**规则：**

①动作规范；必须在多人配合下集体完成。

②以完成总时间多少裁判优胜。

③可相互鼓励加油。

（5）**安全提示：**注意安全，加强保护与帮助，游戏中不得嬉笑打闹。

游戏2　突破封锁线

（1）**游戏目的：**发展练习者各项体能，培养团队合作精神，在户外器械游戏中促进智力的发展，有效提高学习成绩。

（2）**方法：**将练习者分成2组，每组8人，第2组成员分别站在8个不同的器械前，第1组成员在场地一侧指定地点集合，听到开始口令后，第1组8名成员分别跑到第2组成员所在的8个器械前，接着由第2组成员出题1道（题目仅限于与练习者文化水平相当的在学校所学的课程内容，如语文、数学、英语、地理、历史、体育等知识），对方只有答对后才可完成器械上的规定动作，然后迅速跑回指定地点集合，直至最后1名成员到达集合地点为止，计算第1组完成总时间。第2组动作方法同第1组，角色互换即可。具体器械及要求如下。

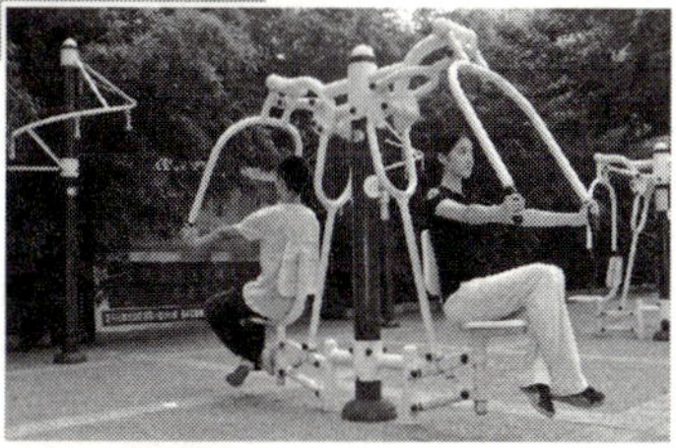

肋木（翻越1次）→ 腹肌板（双手交叉置于脑后的腹肌练习10次）→ 平衡木（行走1趟）→ 太空漫步机（左右腿各20次）→ 坐姿蹬力器（10次）→ 坐姿前推训练器（10次）→ 跑台（两腿各20次）→ 跑跳横梁（双腿“之”字跳2次）。

（3）**器材：**肋木、腹肌板、平衡木、太空漫步机、坐姿蹬力器、坐姿前推训练器、跑台、跑跳横梁。

（4）**规则：**

①动作规范，必须在多人配合下集体完成，如已完成本任务的成员回到集合地点后发现仍有成员未完成任务，可派出1名成员支援。

②以完成总时间多少裁判优胜。

③可相互鼓励加油。

（5）**安全提示：**注意安全，游戏前做好准备活动，游戏中不可嬉笑打闹。

二、竞赛

（一）目的意义

随着健身路径锻炼器械的不断推广，参与户外健身器械锻炼的青少年越来越多。尤其近些年来全国健身热的升温使青少年一方面想通过竞赛的形式检查锻炼的效果，一方面希望通过竞赛的开展提高锻炼的强度，更重要的是希望通过竞赛的形式满足其成功的心理需要。因此，户外健身器械的比赛活动受到广大青少年的欢迎。户外健身器械即健身路径竞赛作为体育竞赛形式的出现，具有重要的意义，主要体现在以下几方面。

（1）通过不同的竞赛内容、形式，能增进青少年的科学健身意识，掌握科学体育锻炼的方法。

（2）能充分认识和挖掘户外健身器械的健身功能，为青少年参与体育锻炼服务。

（3）为青少年提供了一个交流健身体会、检验健身效果的场所，锻炼群体利用竞赛时机互相学习、互相借鉴、互相切磋、共同提高。

（4）激发青少年参与锻炼的热情，培养集体主义精神。

（5）丰富青少年业余文化生活，创造和谐、友好的生活环境。

总之，户外健身器械比赛形式的出现有利于推动全民健身路径的普及与推广，使青少年健身活动更为生动、活泼、有趣，富有竞争性和挑战性，为进一步贯彻落实《全民健身计划纲要》，充分调动和发挥广大青少年参与户外健身活动的积极性和能动性，发挥更大的作用。

（二）组织方法

（1）户外健身器械竞赛的组织形式：主要有全国青少年户外健身器械健身邀请赛，各省市青少年户外健身器械健身比赛，某一社区委员会组织小区青少年开展的青少年户外健身器械健身比赛，各级教委、学校或个人赞助下开展的青少年户外健身器械健身比赛。

（2）青少年户外健身器械竞赛的组织机构。无论哪种组织形式，为保证比赛有计划、有组织开展，首先应该保证竞赛机构设立的合理、完整、有效，从而使比赛结果公正、准确，比赛秩序井然，参赛人员安全，整个赛事成功。一般比赛可设下列领导、办事机构。

A. 组织委员会或竞赛委员会：主要职能是组织、编排整个运动会。

B. 工作办公室：负责整个赛事的具体工作。

C. 宣传部门：动员参赛单位积极参赛并对比赛进行宣传。

D. 安全保卫：确保比赛期间赛场内外的安全。

E. 后勤行政：为组委会、运动员、教练员、裁判员等工作服务。

（3）青少年户外健身器械竞赛的组织实施。

A . 赛前准备阶段

①筹备并建立组委会，确定工作岗位和人员的分工职责。

②制定竞赛计划，提出申办申请，提交上级部门批准。

竞赛计划主要包括如下内容。

a. 竞赛目的和名称；

b. 比赛的规模、地点及举办日期；

c. 参赛人员的资格和数额；

③制定组织方案和竞赛规程，发送竞赛规程及报名表。

④组织报名。

⑤竞赛组织工作准备。

a. 确认报名单，制定各类表格；

b. 组织编排、印刷、发放秩序册；

c. 选聘仲裁及裁判员。

⑥召开各类会议，包括技术会议、裁判员会议、领队会等。

B . 赛中竞赛阶段

①开幕前的礼宾活动和开幕式。

②比赛：根据竞赛规程和规则，按比赛日程组织比赛。

③闭幕式。

C.赛后总结阶段

①编印、发放比赛成绩册。

②整理资料归档。

③竞赛工作总结。

④汇报组织竞赛结果。

（4）青少年户外健身器械的竞赛工作。

①竞赛规程

竞赛规程是进行竞赛工作的依据。它主要包括以下几个方面的内容。

1）运动会名称（赞助单位拥有冠名权）、主办单位、承办单位、赞助单位；

2）比赛时间、比赛地点、参赛单位、组别的设置；

3）参加比赛办法，包括每单位可参加男、女各年龄组比赛的规定人数；每人可报项数、每项可报人数等；

4）报名办法，包括报名表的填写要求、报名开始与截止日期、报名资格与身体检查规定等；

5）录取与奖励办法，其中说明不同项目的录取名额、计分方法、有无集体或破纪录奖励分；

6）参加比赛的具体规则及注意事项，如需要可插入简图；

7）场地分布图。

②竞赛规则

竞赛规则是为青少年提供使用户外健身器械进行游戏和竞赛的基本依据，主要内容包括完成器械动作的要求、给分或扣分因素、评定比赛胜负的标准等。

1）完成户外健身器械健身动作方法包括动作方向、动作幅度、连接要求。

2）评定胜负的方法。

A. 以时间为标准判定成绩

以参赛者比赛所用的全部时间作为比赛的成绩。时间短者成绩列前。

提示1　未能完成所有站位规定的动作和次数者不计成绩。

提示2　未按比赛规定的站位顺序进行的参赛者不计成绩。

提示3　未按比赛规定动作要求完成比赛的不计成绩。

B. 以得分多少为标准判定成绩

将每一站位比赛结果进行排序，然后按排名顺序分别给分值，把所有站位的得分相加，得分高者成绩列前。

提示1　判定胜负的站位，选手出现失误，必须从失误处继续比赛，否则不计成绩。

提示2　以次数判定成绩的站位，选手的动作不到位，不计该次次数。

提示3　多站比赛，如果一站没有成绩，仍可计其总分。

C. 以输赢为标准判定成绩

此类比赛一般为两人对抗赛，以击败对手为胜。

提示1　若比赛为多个赛站，以赛站获胜多者成绩列前。

提示2　此种比赛可采用淘汰制。

D. 团体成绩的计取

提示1　以单项汇成的总分多少排定团体总分名次（各单项安排名给分）。

提示2　以获得的金牌或奖牌数多少排定团体名次。

提示3　可将第一种方法作为排定团体名次的基本方法，在各队出现总分相等的情况下，以第二种方法为补充原则。

③竞赛形式

1）按性别分组（男子组和女子组）进行比赛；

2）按年级分组（小学组、初中组、高中组）进行比赛；

3）按人数进行团体竞赛，参加团体赛的成员应按男女一定的比例组成，可以不计性别、年龄，进行混合组比赛。

④裁判组织工作方法

1）传统组织比赛法

A. 赛前根据竞赛规程的要求编排比赛日程；根据最后确认的运动员名单，完成竞赛分组，汇编每日秩序册；填写比赛的各种表格。

B. 裁判员组织运动员比赛完全按照正规田径运动会的组织形式，检录处检录、点名带入比赛场地，按秩序册事先编排的顺序进行比赛。

这种比赛组织方法的优点：规范，运动员按秩序册的顺序进行比赛，无论从比赛的先后顺序上还是比赛的组次、道次上都十分固定，利于运动员合理安排体力、战术；比赛时间易于掌握，便于控制运动会的整体时间安排。

问题是：很多群众运动员参加正规比赛的机会较少，如何检录、如何比赛的知识普及不够。往往在比赛现场，很多参加比赛的运动员不知所措，有的运动员更是四处打听、不停地打听，怕错过检录时间，给检录秩序带来麻烦。如遇检录处地标识不清楚，则检录更加困难，而运动员一旦错过检录时间，即失去了比赛的资格，给运动员带来很大的遗憾。

2）卡片组织比赛法

这种组织方法是针对基层运动会实施的。即在进行运动会编排时每个项目均不排道次与组次，只公布参加比赛的运动员名单。每名运动员每项有参赛卡片一张。比赛当日运动员持卡片，按照比赛日程安排直接到比赛现场参加比赛。

如该项比赛需几人同时比赛，则先到先排，然后比赛；如果是单人比赛，则先到先比。某一项目比赛全部结束后统一排成绩录取名次。

这种方法的优点在于减少了寻找检录处、在检录处等待的时间，运动员可直接到达比赛现场，或比赛或观看后续比赛，应该说方便了群众。但问题在于：第一比赛卡片需要提前做好并保证发到每位参赛者的手中；第二要求裁判员要具备良好的组织能力和协调能力，能控制局面；第三要加强与广播的联系，随时报告比赛的进程，使运动员能及时参赛，不至于因个别人未到影响整个比赛的结束时间，特别是名次的录取。

3）混合方式组织比赛法

在综合了以上两种组织方法的基础上，采用混合方式组织比赛。即多人比赛的项目安排好组次、道次，比赛当日按秩序进行；而个人比赛则采取随到随比的方式，这两种安排均取消检录，而运动员与队直接到比赛现场进行比赛。

优势在于便于时间的掌握和局面的控制。因多人参赛，在比赛现场比较容易造成混乱，如果已经安排好组次、道次，运动队组织好后直接上道比赛，可以节省部分时间。问题是在领队会上，要将比赛的方法提前告之各单位，否则容易出现组织上的困难。

（三）竞赛范例

［范例一］

平衡木 → 跳跃横梁 → 肋木架 → 双杠 → 梅花桩 → 单杠 → 摸高器 → 平行梯

做法及要求：

平衡木（快跑一个来回）→跳跃横梁（双腿“之”字形向前跳，4次）→肋木架（攀越，1次）→双杠（支撑前进，1趟）→梅花桩（从英文字母A开始，正走到OK再退回到A）→单杠(翻身上，1次)→摸高器（原地纵跳5次，要求单手尽力触摸至高点）→平行梯（双臂依次前进，1次）

提示：（1）依次进行；（2）计总时间。

［范例二］

肋木架→跳跃横梁→仰卧起坐平台→鞍马训练器→双杠

做法及要求：

肋木架（肋木上下走练习，每腿15次）→跳跃横梁（双腿“之”字形向前跳，4次）→仰卧起坐平台（屈腿抱头仰卧起坐，要求肘关节必须触到膝关节）→鞍马训练器（支撑跳跃，6次）→双杠（支撑走，2趟）

提示：（1）依次进行；（2）计总时间。

［范例三］

呼啦桥→平衡木→双杠→单杠→坐拉器→摸高器→腹肌架

做法及要求：

呼啦桥（从一端快速走到另一端，1趟）→平衡木（快跑一个来回）→双杠（支撑摆动，5次）→单杠（翻身上）→坐拉器（5次）→摸高器（原地纵跳5次，要求单手尽力触摸至高点）→腹肌架（双手交叉放在胸前仰卧起坐，10次）

提示：（1）依次进行；（2）计总时间。

【相关链接】青少年锻炼活动中应注意的问题

参加体育运动一定要遵循运动本身的规律，违背了这些规律不但达不到锻炼效果，还可能会出安全问题，甚至给健康成长带来伤害。所以青少年在参加体育锻炼时一定注意安全。具体应该注意以下问题。

1.不要盲目追求运动量

处于青春期的少年，身体各个部位还未完全发育成熟。青少年年幼志高，做事缺乏细心，自我估计不足，倘若凭一时冲动或兴趣，骤然进行强度大、负荷重、对抗激烈的大运动量，则会出现意外，如骨折、拉伤等，不利健康。

2.运动要有针对性

人体器官的发育各自有各自的最佳时期，因此，青少年锻炼身体时，要选择能适合自己身体发育的项目，配合身体正常发育。如男生12～15岁，女生11～13岁是身高的突增期。因此，在这个年龄的男女生锻炼时，应该选择球类、游泳、奔跑、单双杠、山羊等有助于增长高度的体育项目。

3.锻炼项目切忌单一片面

因为青少年正在成长发育期，若长时间偏重某一方面锻炼，身体就不能得到全面发育。比如长跑练下肢，单双杠练上肢，如果单一片面选择锻炼项目，就会使上下肢发育不平衡。

4.锻炼不要逆反生物钟

人体兴奋抑制的生理、心理特征和人们常说的生物钟有关。早上6时，课间9时，下午4时以后是青少年进行锻炼的最佳时间。若颠倒了运动次序，扰乱了生物钟，就会使内分泌和生活节奏不协调，对身体生长发育不利。

5.运动切忌急起急停

有的青少年剧烈运动停下来以后就坐下、喝水、吃饭或学习，这都不好，特别是运动后因为天热出汗，就立即吹电风扇、冲冷水、喝冷饮，都有害身体健康。剧烈运动后，应先慢步活动一会儿，然后再喝水或吃饭、学习，给身体有个缓冲和适应时间，才有利于健康。

6.要选好运动环境，使用安全的运动场地与器材

运动环境对运动效果很重要。好的运动环境应该是清静幽雅，地面平坦，空气新鲜，无干扰、无妨碍。否则运动环境不佳，也会对人体造成伤害或使运动受阻、达不到应有的效果。参加球类运动的场地一定要符合国家规定的要求，地面必须平整，边界外2米以内不能有障碍物。足球比赛不能在水泥场地上进行；篮球比赛不能在太光滑和太粗糙的水泥地面上进行，比赛用球的气压不能打得太涨；在进行技巧、体操、单双杠、跳高等练习时，必准备好厚度符合要求的保护垫子，各种体操器械必须稳固，切记在松动的器械上做运动；在器械上做练习时，一定要有保护垫，且在器械旁边要安排相应的人员做保护和帮助；在进行杠铃、哑铃等举重练习时，一定要遵循由轻到重的试举顺序，不能头脑发热一开始就举极限重量，否则就很容易受伤。

附 录

附录1 学生中考体育项目练习方法指南

一、中考体育项目有哪些

各个地区不同，考试的项目和要求就不同，一般在跳绳、立定跳远、仰卧起坐、引体向上、握力、1000米（男）、800米（女）、实心球、篮球运球、排球这些项目里选取。2009年开始很多省市又增加了体操的内容。

二、如何练好跳绳

1. 跳绳方法。用前脚掌起跳和落地，当跃起在空中时，不要极度弯曲身体，而应成自然弯曲的姿势。跳时，呼吸要自然有节奏。

2. 握绳的方法。两手分别握住绳两端的把手，通常情况下以一脚踩住绳子中间，两臂屈肘将前臂抬平，绳子被拉直即为适合的长度。

3. 摇绳的方法。向前摇时，上臂靠近身体两侧，肘稍外展，上臂近似水平，用手腕发力做外展内旋运动，使两手在体侧做画圆动作，每摇动一次，绳子从地经身后向上向下，回旋一周，绳子转动的速度和手摇绳的速度成正比，摇动越快，则绳子回旋越快。

4. 停绳的方法。向前摇时，一脚伸出，前脚掌离地，脚跟着地使绳停在脚掌下；向后摇时，则一脚后出，脚跟离地，脚掌着地，使绳停在脚底。

5. 跳绳的时间。一般不受任何限制，但要避免引起身体不适，饭前和饭后半小时内不要跳绳。学校学生可利用课间操或下课时间或课外活动时间练习。

●提高1分钟跳绳的训练方法及要求(男女生满分为170次)

方法与步骤:

1. 不会跳的同学

（1）空摇绳：拿两条跳绳，一手一条同时空摇，将绳摇成立圆。

体会抖腕动作。要求：摇到两手同时摇，左右两边绳都能成立圆。

（2）双脚并拢跳：两脚并拢、后脚跟不着地的连续跳。100个×4～6组。要求：靠踝关节的力量跳起，配合两手空摇。

（3）1分钟跳绳：完整动作，由慢到快。跳5组。每组间隔1分钟。

2. 会跳的同学

每次跳时必须超长时间的跳。每组时长为1分30秒，10～12组。每组间隔30秒～1分钟。要求：不要因卡绳就终止，要学会脚快速往前跨同时起动跳绳。

三、立定跳远练习方法有哪些

（一）动作要领

跳时两腿稍分，膝微屈，身体前倾，然后两臂自然前后预摆两次，两腿随着屈伸，当两臂从后向前上方做有力摆动时，两脚用前脚掌迅速蹬地，膝关节充分蹬直同时展髋向前跳起，身体尽量前送，身体在空间成一斜线，过最高点后屈膝、收腹、小腿前伸，两臂自上向下向后摆，落地时脚跟先着地，落地后屈膝缓冲，上体前倾。要提高立定跳远成绩，力量是基础，特别要提高膝、踝、髋三个关节的协调用力及爆发用力的能力。

（二）素质练习方法

1. 蹲跳起。这是主要发展腿部肌肉力量和踝关节力量的练习。

跳的方法：双脚左右开立，脚尖平行，屈膝向下深蹲或半蹲，两臂自然后摆。然后两腿迅速蹬伸，使髋、膝、踝三个关节充分伸直，同时两臂迅速有力向前上摆，最后用脚尖蹬离地面向上跳起，落地时用前脚掌着地屈膝缓冲，接着再跳起。每次练习15～20次，重复3～4组。

2. 单脚交换跳。这是发展小腿、脚掌和踝关节力量的练习。

跳的方法：上体正直，膝部伸直，两脚交替向上跳起。跳时主要是用踝关节的力量，用前脚掌快速蹬地跳起，离地时脚面绷直，脚尖向下。原地跳时，可规定跳的时间（30秒～1分钟）或跳的次数（30～60次）。行进间跳时，可规定跳的距离（20～30米）。以上练习重复2～3组。

3. 纵跳摸高。这是发展腿部肌肉和踝关节力量而经常采用的一种练习方法。

动作方法：两脚自然开立成半蹲预备姿势，一臂或两臂向上伸直，接着两腿用力蹬伸向上跳起，用单手或双手摸高。每次练习10次，重复3～4组。

4. 蛙跳。这是发展大腿肌肉和髋关节力量的练习。

动作方法：两脚分开成半蹲，上体稍前倾，两臂在体后成预备姿势。两腿用力蹬伸，充分伸直髋、膝、踝三个关节，同时两臂迅速前摆，身体向前上方跳起，然后用全脚掌落地屈膝缓冲，两臂摆成预备姿势。连续进行5～7次，重复3～4组。

5. 跳台阶。主要发展腿部力量和踝关节力量。

动作方法：两手背在身后，两脚平行开立，屈膝半蹲，用前脚掌力量做连续跳台阶动作。一次可跳20～30个台阶，重复3～4组。

（三）怎样在短期内提高成绩

1. 蹲跳起。双脚左右开立，脚尖平行，屈膝向下深蹲或半蹲，两臂自然后摆。然后两腿迅速蹬伸，使髋、膝、踝三个关节充分伸直，同时两臂迅速有力向前上摆，最后用脚尖蹬离地面向上跳起，落地时用前脚掌着地屈膝缓冲，接着再跳起。每次练习15～20次，重复3～4组。

2. 纵跳摸高。两脚自然开立成半蹲预备姿势，一臂或两臂向上伸直，接着两腿用力蹬伸向上跳起，用单手或双手摸高。每次练习10次左右，重复3～4组。

3. 跳台阶。两手背在身后，两脚平行开立，屈膝半蹲，用前脚掌力量做连续跳台阶动作。一次可跳20～30个台阶，重复3～4组。

四、提高仰卧起坐成绩的方法是什么

仰卧起坐并不难，但1分钟内要达到40个才能拿到满分，平均1.5秒要完成一个，尽量保证完成有效次数是此项目获得满分的关键。

仰卧起坐时，双肘触及两膝为完成一次。仰卧时贴于头后的两手背必须触垫。考生如在仰卧起坐过程中，紧贴头后的手背未触垫、臀部离垫或双肘未触及两膝属犯规动作，都不计次数。由于有时间限制，无效次数过多将肯定影响成绩。这个项目考生同样只有一次考试机会。

（一）仰卧起坐的时间训练

1. 20秒的训练。主要是提高学生的腰腹爆发力。20秒学生做仰卧起坐，学生有足够的体能，动作要领和动作质量都有保证。要求学生能突破25个最好。

2. 30秒的训练。这样的训练是学生在训练20秒的基础上有了进步而进行的提高训练。要求学生能突破35个。

3. 45秒的训练。主要是节奏训练。

4. 1分钟的训练。1分钟训练要注意前面45秒的节奏的训练，但是最后15秒或者10秒是一个冲刺过程。这和400米跑的原理是一样的，如果最后没有加速是不可能有好成绩的。

（二）训练的顺序

1. 仰卧起坐爆发力训练：20秒仰卧起坐 × 3 → 30秒仰卧起坐 × 2 → 40秒仰卧起坐。

2. 仰卧起坐耐力训练：60秒仰卧起坐 × 3 → 70秒仰卧起坐 × 2 → 80秒仰卧起坐。

3. 仰卧起坐节奏训练：1分钟仰卧起坐 × 3。

五、怎样有效提高引体向上成绩

引体向上要连续完成。单杠引体向上成绩是以中间连续完成的引体次数计取，考生只有一次考试机会。考试从考生双手握杠开始，到双手离杠为结束。考试时，考生要双手正握杠，身体呈静止直臂悬垂。完成一次引体向上，要求两臂向上引体至下颚越过横杠上缘后恢复直臂悬垂为一次，否则不计次数。

练习方法

1. 悬垂练习。30秒×3；60秒×3；80秒×3
2. 悬垂上拉练习。3个×6组；5个×4组；8个×2组
3. 俯卧撑练习。10个×4组；15个×3组；20个×2组

六、怎样提高握力

增强握力练习可自肩关节开始，从上到下集中在三个方面；通过弯举双臂锻炼上臂肱二头肌；通过各种肘屈伸动作锻炼前臂的屈腕、屈指肌群；通过腕部屈伸动作加强手部肌群的协同、对抗能力。练习工具可用杠铃、哑铃或其他重物。

握力主要是测试上肢肌肉群的发达程度，在体能测试中，它常以握力体重指数的形式体现，即把握力的大小与被测人的体重相联系，以获得最科学的体力评估。

握力体重指数的计算公式：

握力体重指数=握力（公斤）/体重（公斤）×100

练习方法：

1. 侧弯举。两手或一手侧握哑铃（拳眼向前），上臂紧贴体

侧，持铃向上弯起至肩前，缓慢下放还原。主要发展前臂伸指肌群，同时发展上臂前侧肌群。

2. 正握腕弯举。双手正握杠铃（掌心朝下），握距与肩同宽，上臂紧贴体侧。向上弯举杠铃，举至极限后缓慢下放还原。动作过程中前臂肌群始终保持张紧用力状态。主要锻炼前臂伸肌群和上臂外侧肌群。

3. 反握腕弯举。坐在凳端，两手掌心向上反握杠铃，握距与肩同宽，前臂贴放大腿上，手腕放松。用力将杠铃向上弯起至不能再弯时为止，然后放松还原。此动作可前臂垫在平凳上做，也可单手持哑铃做。主要锻炼前臂屈肌群。

4. 背后腕弯举。站立，背后正握（掌心向后）杠铃，做腕弯举动作，作用同反握腕弯举，主要锻炼前臂屈肌群。很多健美运动员都喜欢采用这个练习，因为它能产生一种强迫收缩的感觉。

5. 负重卷绳。站立，手握卷轴，用力将悬挂的重物卷起，控制性还原。先正卷后反卷，反复进行。此练习能使前臂肌更加粗壮结实。此外，捏握力器、抓捏杠铃片等练习也是发展前臂肌的有效方法。

七、1000米（男生）、800米（女生）练习方法有哪些

每天适量锻炼，以晨跑为例，男生跑1000～1200米，女生跑800～1000米，先以慢跑为主作为过渡，后逐步提高跑步速度；正确掌握呼吸节奏，合理分配体力；克服“极点”，培养学生吃苦耐劳的精神。

（一）正确的呼吸方法

中长跑的距离长，消耗能量比较大，对氧气的需求量也大。因此掌握正确的呼吸方法至关重要。中长跑能量消耗大，机体要产生一定的氧债，为了保证机体对氧气的需求，呼吸必须有一定的频率和深度，还必须与跑的节奏相配合，一般采用两步两吸，两步两呼。呼吸时采用口进行呼吸的方法。随着速度的加快和疲劳极点的出现，呼吸的频率有所增快。

正确的呼吸应该有自己的频率，在加速之前就应该有意识地增加自己的呼吸深度、速度，因为接下来的加速阶段会消耗更多的氧气，减速亦然。另外，有一部分同学在赶超对手的时候会“屏气凝神”，其实这是不正确的做法，在长跑的后半阶段，氧气的减少会直接影响血糖的分解，而不能提供给身体更多的能量，会让你瞬间变得乏力。

（二）中长跑（1000米和800米）项目训练、考试注意事项

一般来说，选择了长跑的考生，在考前一两个月就需要开始有针对性的训练了。训练最好能隔天进行一次，每次的训练量达到1500米左右，这样的训练量，会使考生在考试时游刃有余。耐力跑(如女生800米跑)差的，可用2～3分钟的跳短绳、跑楼梯、在小区内跑步来锻炼。

八、实心球练习方法有哪些

前抛实心球属于投掷项目，双手握球从头顶抛出，以远度为评价标准。前抛实心球需要运动者具有良好的力量基础，同时借助身体的力量将球抛得更远。

（一）预备抛球姿势

1. 预备抛球时整个身体后挺，尤其上身形成反背弓，双手持球位置位于头顶上方，双臂屈成大约90° 角。后腿微屈，重心落在后脚，前脚可伸直，利用前脚尖点地。临近出手瞬间，上身继续加大反背弓深度，同时双臂后拉。

2. 身体后挺，整个身体向后倾斜，把髋关节挺出，形成反背弓。

后腿膝关节屈，整个身体重力落在后腿上面，前腿挺直，脚尖点地。

3. 加大反背弓深度，双臂后拉。为了获得更大的出手速度，加大上身动作，原地加大反背弓深度，双臂后拉。

（二）抛球动作

1. 后腿用力蹬地，将整个身体挺起，重心抬高。辅助练习：单腿屈膝蹬直练习。

2. 腰腹急震用力：将腰部快速用力回收，以便带动胸部快速回收。辅助练习动作：原地收腹收胸练习。

3. 胸带上臂发力，上臂带前臂：把急速收腹、收胸的力转移到臂部。辅助动作练习：双手持球墙投练习。

4. 鞭打动作：把上臂带前臂的力过渡到手腕，最后将球抛出，注意抛出时一定要有力度。同时出手角度高出水平面30度左右，这是整个动作最关键的一步，它直接决定了抛出球的远度。

九、考前1～2周综合训练计划

第一天

耐力跑练习：3000米跑×2，要求速度80%，间歇15分钟

第二天

腿部力量练习：蹲跳起×5

关节力量练习：台阶提踵×5

快速跳跃能力练习：多级蛙跳（10级）×3

腹肌力量练习：仰卧起坐（1分钟）×5

第三天

有氧代谢能力练习：600米×3组以上，要求速度80%，每组间歇5分钟

第四天

腿部力量练习：蹲跳起×5

关节力量练习：台阶提踵×5

快速跳跃能力练习：多级蛙跳（10级）×3

腹肌力量练习：仰卧起坐（1分钟）×5

第五天

变速跑练习：2000米变速跑（300米快速，200米慢速，快速的80%速度，慢速的50%速度）

第六天

腿部力量练习：蹲跳起×5

关节力量练习：台阶提踵×5

快速跳跃能力练习：多级蛙跳（10级）×3

腹肌力量练习：仰卧起坐（1分钟）×5

第七天：休息

附录2 《国家学生体质健康标准》的项目、指标及运用

一、各年级的测试项目

《国家学生体质健康标准》设置了符合我国学校实际情况、简便易行的测试项目，它们的可靠性、有效性、客观性、可操作性等在多年来的学校体育实践中得到了证明，这些测试项目涵盖了人体形态、机能、身体素质和运动能力的多个方面。从学生的年龄特点以及场地、器材、费用、时间等考虑，各年级学生的测试项目分为必测类项目和选测类项目。各类选测项目，每年由地（市）及教育行政部门或高等学校在测试前选择确定并公布，选测项目原则上每年不得重复。在实际测试时，各年级的测试项目保持在4～6项（表1）。

表1 各年级测试项目分类表

年级	必测项目	选测试项目	备注
小学一、二年级	身高 体重	坐位体前屈 投沙包	选测一项
		50米跑（25米×2往返跑） 立定跳远 跳绳 踢毽子	选测一项

（续表）

年级	必测项目	选测试项目	备注
小学三、四年级	身高 体重	坐位体前屈 掷实心球 仰卧起坐	选测一项
		50米跑（25米×2往返跑） 立定跳远 跳绳	选测一项
小学五、六年级	身高 体重 肺活量	400米跑（50米×8往返跑） 台阶试验	选测一项
		坐位体前屈 仰卧起坐 掷实心球 握力	选测一项
		50米跑（25米×2往返跑） 立定跳远 跳绳 篮球运球 足球颠球 排球垫球	选测一项
初中 高中 大学	身高 体重 肺活量	1000米跑（男） 800米跑（女） 台阶试验	选测一项
		坐位体前屈 仰卧起坐（女） 引体向上（男） 掷实心球 握力	选测一项

（续表）

年级	必测项目	选测试项目	备注
初中 高中 大学	身高 体重 肺活量	50米跑（25米×2往返跑） 立定跳远 跳绳 篮球运球 足球运球 排球垫球	选测一项

注：选测的项目由各地（市）教育行政部门在测试前随机抽取。

二、各年级的评价指标

《国家学生体质健康标准》中从小学到大学都分别规定了相应的评价指标（表2），这些指标是根据《国家学生体质健康标准》中项目的测试值进行评价的。有的是直接利用测试值进行查表评分，如立定跳远；有的需要进行计算，如肺活量体重指数和握力体重指数；此外，身高、体重是根据所测得的身高和体重查表进行评分。因此当测试项目确定后，评价指标也就相应被确定。例如，对于某地小学五年级女生来说，如果从坐位体前屈、仰卧起坐、掷实心球、握力三项中选测了握力，那么对应的评价指标就是经过计算以后得出来的握力体重指数，用计算值来查表评分。总之，评价指标和测试项目都是相对应的，要想选什么评价指标，就必须选测相应的测试项目；同样，测试了相应的项目，就要选评对应的指标。

表2　各年级评分指标分类表

年级	必测项目	选测试项目	备注
小学一、二年级	身高 体重	坐位体前屈 投沙包	选评一项
		50米跑（25米×2往返跑） 立定跳远 跳绳 踢毽子	选评一项
小学三、四年级	身高 体重	坐位体前屈 掷实心球 仰卧起坐	选评一项
		50米跑（25米×2往返跑） 立定跳远 跳绳	选评一项
小学五、六年级	身高 体重 肺活量	400米跑（50米×8往返跑） 台阶试验	选评一项
		坐位体前屈 仰卧起坐 掷实心球 握力	选评一项
		50米跑（25米×2往返跑） 立定跳远 跳绳 篮球运球 足球颠球 排球垫球	选评一项

（续表）

年级	必测项目	选测试项目	备注
初中 高中 大学	身高 体重 肺活量	1000米跑（男） 800米跑（女） 台阶试验	选评一项
		坐位体前屈 仰卧起坐（女） 引体向上（男） 掷实心球 握力	选评一项
		50米跑（25米×2往返跑） 立定跳远 跳绳 篮球运球 足球运球 排球垫球	选评一项

三、评分表的使用方法

使用评分表对学生的测试结果进行评价可分为两个部分，首先是对各项测试结果分别评分，得出相应评价指标的得分和等级；第二部分是对每一个学生给出一个总的得分和等级。

1. 先按年级、性别，找到对应的评分表，使用该表查出相应指标所处的档次及其得分。

例如，测得某小学三年级一位男生的身高为141.3厘米，体重为37.5公斤，50米跑为9秒，坐位体前屈为12厘米。先找到小学三、四年级男生身高标准体重表，在表左侧的身高段里找到该男生141.3厘米所处的段，在141.0～141.9之间，再向右查与此对应的体重，37.5公斤在33.0～38.9的范围内，属于正常体重，得100分；再找小学三、四年级男生评分标准，查50米跑的得分，9秒为优秀，得92分；坐位体前屈为12厘米属于优秀，得分为94。

再如：某小学五年级的一位女生的身高为141.5厘米，体重为37公斤，查相应身高标准体重表，在正常体重的31.7～39.0的范围内，得100分；测得台阶试验成绩为64，查表为优秀，得100分；测得肺活量为1850毫升，计算肺活量体重指数为50（1850/37=50），为及格，得分为69；测得50米跑成绩为8.7秒，为优秀，得94分；测得仰卧起坐为38个，属于良好，得分78。

通过这一步对受试者每一项指标进行评价，我们就可以了解该生在体质健康各个方面的具体情况和等级，教师可以根据每个学生的个体差异，对于不够理想的指标，进行有针对性的锻炼，鼓励学生进步与发展，从而不断提高每个学生的体质健康水平。

如果想要对它进行总体评价，就需要查出的分数进行下一步计算。

2. 等级评价

优 秀：总分90分以上；

良 好：总分75～89分；

及 格：总分60～74分；

不及格：总分59分以下。

例如，上面举例的某小学三年级一位男生身高标准体重为100分，50米跑得92分，立定跳远94分，总分为100×0.2+92×0.4+94×0.4=94.4（分），依据等级标准，该生的体质健康评分等级为优秀。

再如，上面举例的某小学五年级一位女生的总分= 100×0.1+100×0.2+69×0.3+94×0.2+78×0.2=85.1（分）。依据综合评级标准，该生的体质健康评分等级为良好。

四、身高标准体重表补充说明

如果个别学生的身高（太高或太低）在表中查不到时，可按下列方法折算后再查表。当学生身高低于表中所列出的最低身高段的下限值时，实测身高需要加上与下限值之差，并且身高每低1厘米，实测体重需加上0.5公斤，再查表确定分值。

当学生身高高于表中所列出的最高身高段的上限值时，实测身高减去与上限值的差值，身高每高1厘米，其实测体重需减去0.9公斤，再查表确定分值。

例如，小学五年级的某位女生的身高为113.3厘米，体重为22.5公斤。由于小学五年级身高女生标准体重表的最低身高段为115.0～115.9厘米。该生查表的身高为113.3厘米+2厘米=115.3厘米，其体重为22.5公斤+0.5公斤×2=23.5公斤，查相应身高标准体重表，在身高段115.0～115.9厘米的正常体重的19.5～24.1的范围内，得100分。

再如，某小学五年级的一位女生的身高为171.0厘米，体重为61.0公斤。由于小学五年级身高标准体重表的最高身高段为168.0～168.9厘米。该生查表的身高为171.0厘米−3厘米=168.0厘米，其体重为61.0公斤−0.9公斤×3=58.3公斤，查相应身高标准体重表，在身高段168.0～168.9厘米的正常体重的49.2～58.9的范围内，得100分。

参考文献

[1] 中共中央国务院关于加强青少年体育 增进青少年体质健康的意见 [N]. 人民日报，2007-01-05：25.

[2] 梅建. 青少年儿童1985—2005年体质健康发展状况和对策研究 [J]. 中国青年研究，2007（11）：22-28.

[3] 全国学生体质健康调研组. 2005全国学生体质与健康调研结果 [J]. 中国学校体育，2006（10）：6-8.

[4] 海门市东洲中学课题组. 学生心理危机干预研究. 华东七省市教育学会“十一五”教育科学规划课题. 2010.

[5] 李相如，杨树东. 社区健身器械锻炼方法图解 [M]. 北京：高等教育出版社，2010.